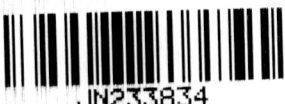

Weekdayの朝ごはん

はじめに

おはようっ。
起きたら必ず朝の挨拶をします。ふたりの一日の始まり。
ひとりのときにも私は声を出しておはようを言います。
そうすると、花や猫が応えてくれます。

朝ごはん作りは習慣です。最初は時間がかかって
手慣れないこともあるかもしれません。
朝の目覚めがよくないこともあるかもしれません。
でも続けていると、自然に身体が動いてきます。私ももう慣れました。
それに、朝ごはんに食べたいものは中身が決まっているでしょ。
そう思いませんか。パン、ご飯、焼き魚に、卵焼き、スープにサラダと、
そのくり返し。考えなくても献立が自然と出てくる時間帯です。
私はそれでいいと思うのです。おなかいっぱいは元気いっぱいに変わります。
さあ、まずはお湯を沸かすことから始めましょうか。

contents

この本の使い方

●材料に記載されている分量は、特に表記のあるもの以外は、基本的に2人分です。

●レシピの中で使われている「太白ごま油」は、風味が豊かでくせがなく、飛田さんお気に入りのごま油です。これが手に入らない場合は、基本的には普通のごま油で代用できますが、ごま油よりサラダ油のほうが適するものについては、(またはサラダ油)と表記しました。

●本書で使われている分量は、大さじ1＝15cc、小さじ1＝5cc、1カップ＝200ccです。

●水溶き片栗粉は片栗粉1に対し、水2の割合で溶いたものです。あらかじめ作っておいても、片栗粉が沈澱してしまうので、必ず混ぜながら加えてください。

●本書に出てくるゆで卵の作り方は、卵をひたひたの水に入れて中火にかけ、半熟は沸騰してから5～7分、固ゆで卵は沸騰してから12～13分、それぞれゆでます。好みで半熟と固ゆでを使い分けてください。

●本書に出てくる飛田さんのだし汁は、かつおのだしパックを使っています。分量の水に入れて5～10分くらいおいて中火にかけ、沸いたら10分間ほど煮出し、火をとめてパックを取り出します。通常パックは捨ててしまいますが、飛田さんは澄まし汁ではない場合に限り、パックを破り、中身も汁の中に入れて具として食べてしまうことも多いそうです。

●調理時間は、コンロ3つのキッチンで飛田さんがひとりで作り、その実際にかかった時間を「5分以内」「15分以内」「30分以内」に分け、それぞれを**"5min."**, **"15min."**, **"30min."**、で表記しました。30分以上かかるものについては、時間の表記は特にしてありません。また、前日に下準備ができるものは**"the day before"**、そのまま何日間か保存できるものは調理時間の代わりに**"preservation"**と表記されています。調理時間には、材料に記されている「ご飯」「すしめし」「ゆで卵」「ガーリックトースト」などを作る時間は計算されていません。お湯が沸く時間もそれと同様、入っていません。

わたしの定番朝おかず

朝といえば焼き魚に卵焼き

朝ごはんの献立といえば、いわゆる旅館で出る朝食のセットを思い浮かべます。
卵料理に焼き魚、特別な料理ではないけれど、ほっとする食卓。
なぜでしょうね、毎日のように食べている味なのに、こんなにも飽きないなんて。
朝、まだ動いていないおなかはよく知った味をほしがるのかもしれません。
卵は目玉焼き、アツアツの半熟卵、甘い卵焼き、具のはいったオムレツなどにして、
お魚は塩焼き、しょうゆやみそベースの味付けで煮付けたり、ソースをのせてトースターで焼いたりと
姿をかえて味わいます。とにかく朝から大好きな献立を作って食べると、その日一日気分がいい。
なにかいいことがありそうな、ワクワクしながらスタートできます。

塩焼き魚のゆずこしょうおろし
スナップえんどうの塩ゆで

さつまいものみそ汁

鯵のハーブ焼き

塩とおろし大根でさっぱりといただく

塩焼き魚のゆずこしょうおろし

白身魚の切り身　2切れ（撮影のときには目鯛を焼きましたが、お好きな白身魚ならなんでも）
自然塩　少々
大根　5cm
ゆずこしょう　少々
スナップえんどう　適量

15min.

① 白身魚に塩をして、10分ほどおき、水けが出たらペーパータオルなどでふきとります。再度塩を少しだけふって、熱したグリルで両面を色よく焼きます。
② 大根おろしを作り、汁けを軽くしぼってから、ゆずこしょうを合わせて和えておきます。
③ 器に焼いた魚とゆがいたスナップえんどうを盛り付け、魚の上にたっぷりとゆずこしょうおろしをのせます。
□ ゆずこしょうがない場合は、大根おろしにポン酢を合わせたり、七味を合わせたりしてもおいしくいただけます。

青みの野菜も欠かせません

スナップえんどうの塩ゆで

筋を取ったひとつかみのスナップえんどうを、少々の塩を加えた熱湯に入れ、3分間ほどゆでます。ゆで上がったらざるにあけ、冷まします。

5min.

ほっくり甘いさつまいもを大きめに切って具にした

さつまいものみそ汁

さつまいもは皮ごと食べやすい大きさに切り、だし汁で煮ます。いもがやわらかくなったら、火を落として、みそを溶き入れます。

15min.

ハーブをおなかに詰めて、塩焼き魚をアレンジ

鯵のハーブ焼き

15min.

① 鯵は内臓を取り除き、全体に自然塩をまぶしつけて、10分ほどおき、水けが出たらペーパーなどでふきとります。
② 再度塩を少しだけふって、おなかの中にローズマリーやタイムなどのフレッシュハーブを詰めて、熱したグリルで両面を色よく焼きます。
□ ハーブが手に入らないときにはドライハーブでもいいですし、切り身で作る場合は包丁で切り込みを入れてポケットを作り、そこにハーブを詰めて焼きます。直接火がハーブに当たると焦げてしまうので、注意します。

マヨネーズを使ったかんたんソースを塗って

鮭のタルタルソース焼き

15min.

生鮭の切り身　2切れ
マヨネーズ　大さじ4
マスタード　小さじ1/2
ピクルス　小2本
らっきょう　小2〜3粒
（なければ玉ねぎでも）
ゆで卵　1個
自然塩　少々
ラディッシュ　適量

① 鮭に軽く塩をして、10分ほどおき、水けが出たらペーパーなどでふきとります。
② ピクルス、らっきょう、ゆで卵はみじん切りにし、マヨネーズ、マスタードと合わせておきます。
③ 鮭の上に②のタルタルソースをのせて、オーブントースターで10分ほど焼き、ラディッシュを添えて盛り付けます。
□ タルタルソースの分量が2切れに対して少し多めなんですが、お好きなかたはたっぷりとのせて、残りはパンにのせて焼いたり、お野菜につけて召しあがってください。

定番の甘辛じょうゆにバターをプラス

きんめのバターしょうゆ煮

金目鯛の切り身　2切れ
＜調味料＞
- しょうゆ　大さじ1
- 砂糖、みりん　各小さじ2
- 酒　大さじ2
- 水　大さじ1

しょうが　1/2かけ
バター　大さじ2〜3
甘辛唐辛子　適量

15min

① フライパンに調味料を入れて煮立たせ、魚と皮つきのまま薄切りしたしょうがを加えて、途中、上下を返し、火を通しながら味を煮含めます。
② 煮汁が煮詰まってきたら、バターと甘辛唐辛子を加えて、魚に煮汁をからめながら仕上げます。

ピリ辛のみそ味でご飯がすすむ

銀だらの辛みそ煮

銀だらの切り身　2切れ
＜調味料＞
- 酒、しょうゆ、みそ、水　各大さじ1
- 砂糖　大さじ2
- 豆板醤　少々

しょうが　1/2かけ
長ねぎ　10cmくらい

15min

① フライパンに調味料を入れて煮立たせ、魚としょうがのしぼり汁を加えて、途中、上下を返し、火を通しながら味を煮含めます。
② 煮汁が煮詰まってきたら、3〜4等分に切ったねぎを加えてさっと煮ます。

卵料理のコツは油をけちらず、たっぷりと使うこと

甘い卵焼き

卵　4個
砂糖　大さじ2
塩　ひとつまみ
太白ごま油（またはサラダ油）　大さじ2

5min.

① 卵をときほぐして、砂糖と塩を合わせておきます。
② フライパンをよく熱し、油を入れて、ざっと卵液を流し込みます。
③ 全体を大きく混ぜながら焼き、半熟くらいに固まってきたら、形を整えます。
フライパンの縁をうまく使って形を整えるといいでしょう。
□ 私はほんのり卵に焼き色がついたオムレツが好きですが、
焼き加減はどうぞお好みで。
中身も半熟にしてもいいですし、しっかりと火を通しても。

ひっくり返して焼けば、時間も大幅短縮

両面焼きの目玉焼き

熱したフライパンに好みのオイルを入れて、卵を割り入れ、焼きます。
白身の部分がほどよく焼けてきたら、返して両面焼き、器に盛り付けて粗びき黒こしょうをふります。同じフライパンでプチトマトと切ったオクラをさっと炒めて、塩、こしょうします。
卵は塩でもおしょうゆでも、お好きな味で召しあがってください。両面焼くと卵の香ばしさが出ます。
いつもの目玉焼きに飽きたら、ひっくり返して焼いてみましょう。

5min.

基本の卵焼きをたれにからめれば、
冷めてもなおおいしい

甘辛卵焼き

＜甘い卵焼き＞
卵　4個
砂糖　大さじ2
塩　ひとつまみ
太白ごま油（またはサラダ油）　大さじ2
しょうゆ　大さじ1
みりん、砂糖　各小さじ1〜2
大根おろし　適量

5min.

① p.12の作り方の要領で、フライパンに「甘い卵焼き」を作ります。
② いったん火を止めて、フライパンのあいたスペースにしょうゆと同量の水、砂糖、みりんを入れて、再び火にかけ、卵に味をからませます。
③ 器に盛り付け、大根おろしをたっぷりと添えます。
□ 卵にねぎのみじん切りなどの薬味を混ぜたり、かまぼこやちくわ、しらすなどを混ぜてもおいしいです。

オムライス作りの手間をはぶいて

ご飯入り スパニッシュ風オムレツ

卵　4個
ご飯　お茶碗1/2杯くらい
スライスハム　4枚
ししとう　3本
プチトマト　4個
セロリ　5cm
塩、こしょう　各少々
トマトケチャップ　大さじ3
オリーブオイル（またはサラダ油）　適量

15min.

① ハムは1cmの角切りに、セロリは粗みじん切りに、プチトマトは4等分に、ししとうは小口切りにします。
② 大さじ1のオイルで野菜を炒め、軽く塩、こしょうします。
③ 卵を割りほぐして、ご飯、ハム、ケチャップと②を加えて、ひと混ぜします。
④ よく熱したフライパンにオイルを入れて、卵液を流し込みます。
⑤ 箸でかき回しながら全体を混ぜて、卵が固まりだしたら、オムレツをすべらせて鍋のふたなどに移します。オムレツにふたをするようにフライパンをかぶせて裏返し、再び火にかけて両面を色よく焼き上げます。
□ 撮影のときには直径20cmのフライパンで焼きました。

スナック感覚で軽くつまめる

ザーサイ入り 薄焼きオムレツ

卵　2個
ザーサイ　20gくらい
長ねぎ（または玉ねぎでも）　少々
砂糖、しょうゆ　各少々
ごま油　大さじ1

5min.

① ザーサイは千切り、長ねぎは小口切りにし、割りほぐした卵と砂糖としょうゆを少々加えて混ぜ合わせます。
② よく熱したフライパンにごま油を入れて、卵液を流し込みます。フライパンを回しながらなるべく卵液を広げます。卵が固まりだしたら、ひっくり返して強火のまま両面をこんがりと焼きます。
③ 食べやすい大きさに切り分けます。
□ 漬物も卵に合います。高菜、たくあん、しば漬けなど、いろいろとお試しください。

納豆、キムチ、たらこでしっかりと味付け

韓国風ひと口オムレツ

卵　3個
たらこ　1/3腹
キムチ　大さじ2くらい
かまぼこ　少々
納豆　1パック
長ねぎ　少々
韓国海苔　少々
ごま油　大さじ1

15min

① たらこは薄皮から中身を出し、かまぼことキムチ、長ねぎは粗みじんに切ります。
② 卵を割りほぐして、①と納豆、手でちぎった海苔を加えてひと混ぜします。
③ よく熱したフライパンにごま油を入れて、卵液を流し込み、一口大くらいの大きさにまとめながら焼き上げます。

オイスターソースのこくと甘みが素材を引き立てる

卵と長ねぎとにらのオイスターソース炒め

卵　3個
長ねぎ　1/4本
にら　1/3束
オイスターソース　大さじ2
砂糖　小さじ2
ごま油　大さじ1

① 卵を割りほぐし、オイスターソースと砂糖で味をつけます。
② 長ねぎは1cm幅の斜め切りに、にらは5cmの長さに切り、ごま油でさっと炒め、野菜がしんなりしたら、卵液を流し込んで、合わせるようにしながら好みのかたさに炒めます。

5min.

ざくざく野菜ととろ～りチーズを包み込んで

緑野菜入りのオムレツ

5min.

卵　3個
グリーンアスパラガス　2本
ズッキーニ　1/3本
ピザ用チーズ　大さじ3
オリーブオイル　大さじ2
塩、こしょう　各適量
マヨネーズ　大さじ2

① アスパラガスは1cm幅の斜め切りに、ズッキーニは縦半分に切って
5mmくらいの厚さに切ります。
② 大さじ1のオリーブオイルで野菜を炒め、
塩、こしょうで軽く味付けし、いったん取り出します。
③ 卵に軽く塩、こしょうとマヨネーズを加えてときほぐし、よく熱したフライパンに
オリーブオイル大さじ1を入れて、卵液を流し込みます。
④ 箸でかき回しながら全体を混ぜて、卵が固まりだしたら、弱火に落として炒めた野菜と
チーズをのせます。包み込むようにしながら形を整え、皿に盛り付けます。
□ 具はきれいに包まなくても大丈夫。合わせ目が下にくるように、
フライパンを裏返すようにしてオムレツを皿に盛り付けます。
もし形がくずれてしまっても、器に盛り付けてから手で形を整えても遅くありません。

ふんわりスフレ感覚の

キッシュ風オムレツ

卵　2個
生クリーム　大さじ3
じゃがいも　小1個
しめじ、えのきだけ　各少々
チンゲンサイ　1株
ホールコーン（缶詰）　大さじ2
ピザ用チーズ　大さじ3
塩、こしょう　各適量
バター　適量

① じゃがいもは一口サイズに切り、きのこは小房に分け、
チンゲンサイは粗く刻んでおきます。オーブンは200度に温めておきます。
② 少量のバターで①を炒めて、塩とこしょうで味付けします。
③ 耐熱器にバターを薄く塗って、②の野菜を均等に広げ、
そこにコーンとチーズも一緒に盛り付けます。
④ 卵を割りほぐして生クリームと合わせ、③の器に流し込み、
オーブンで30～40分くらい焼きます。
□ 具は何でもよいので、冷蔵庫の残り野菜を使って作ります。
また、撮影時の耐熱器の大きさは直径14cm、高さ4.2cmでした。

あっさり味でも
ボリュームがうれしい朝のおかず

朝だからといってあまりにあっさりとしすぎた料理が並んでも物足りません。
というより、それだけでは食欲がわかないものです。
私は素材はさっぱりしたものを選び、ちょっとだけ味にパンチをきかせて、
ボリューム感を出すようにしています。たとえば野菜だけでは味がさっぱりしてしまうので、
少量のベーコンやコンビーフなどで味を出したり、
梅干しやしょうがをきかせたりする。そうすると立派な「おかず」になります。
これさえあればご飯やパンがモリモリと食べられる。
朝から野菜がたっぷりはいったお料理が並ぶと、健康的な感じがして、見た目も満足します。

レンズ豆のベーコン煮

野菜サラダ

三角トースト

豆で作ったやさしい煮込み

レンズ豆のベーコン煮

レンズ豆　1カップ
スライスベーコン　2〜3枚
にんにく　1/2かけ
オリーブオイル　大さじ1
コンソメキューブ　1個
塩　適量
ローリエ　1枚

30min.

① にんにくをつぶして、鍋にオリーブオイルと一緒に入れ、弱火にかけて香りを出します。
② にんにくを取り出し、レンズ豆と半分の長さに切ったベーコンを入れてさっと炒め合わせ、水2カップとコンソメキューブ、ローリエを加えて、中弱火で煮ます。
③ レンズ豆がふっくらしてきたら塩で味をととのえます。煮汁が少なくなってきたら、そのつど水を加えて調整します。
□レンズ豆はその名のとおり凸レンズのような円形をしており、直径4mmほどの小さなお豆です。下処理なしで、短時間で料理できるお豆ですので、必ず常備して、煮込みやスープなど使っています。

オリーブオイルで新鮮野菜を味わう

野菜サラダ

5min.

好みの野菜を器に盛り付け、塩、こしょう、レモン汁、オリーブオイルをかけて、混ぜながらいただきます。

薄く軽くが、食欲をそそる

三角トースト

食パンを三角に切り、バターを塗って、オーブントースターでこんがりと焼きます。

5min.

豆腐をソースに、さっぱりと仕上げた

青菜の豆腐あんかけ

5min

豆腐（絹）　1/3丁
かつおだし　1/2カップ
塩、薄口しょうゆ　各少々
水溶き片栗粉　適量
豆苗　100g

① 豆苗は食べやすい大きさに切り、熱湯をかけます。
かたそうならさっとゆがいて器に盛り付けます。
② 鍋にだし汁を温め、豆腐を手でくずしながら加え、
塩と薄口しょうゆで味をととのえます。
③ 水溶き片栗粉でとろみをつけ、①の上にかけます。
□ 少しかためのあんにすると野菜とのからみがいいようです。
野菜はブロッコリーやアスパラ、さやいんげん、きぬさやなどでも。

ジューシーなホットトマトをコンビーフにからめて

プチトマトとコンビーフ、セロリの炒めもの

5min

プチトマト　10個
セロリ　1/2本
コンビーフ　100g
オリーブオイル　大さじ２
塩、こしょう、ウスターソース　各少々

① プチトマトは半分に切り、セロリは小口に切っておきます。
コンビーフは缶から取り出してほぐしておきます。
② オリーブオイルを熱して、セロリ、コンビーフ、トマトの順に加えながら、強火で炒め合わせ、塩、こしょう、ウスターソースで味をととのえます。
炒めすぎるとトマトから水分が出るので、注意します。

酸味がやわらぎ、旨みを吸った梅干しまでもがおいしい

いわしのおろし煮

15min

いわし　2尾
大根　5cmくらい
＜煮汁＞
- だし汁　1カップ
- しょうゆ、みりん　各大さじ2
- 梅干し　2個

① いわしは頭と内臓を取り除きます。大根はすりおろして、ざるに上げて水けをきっておきます。
② 煮汁の材料を一度煮立たせ、いわしを加えて中火で煮ます。
③ 魚にほぼ火が通ったら、水けを軽くしぼった大根おろしを加えて、ひと煮立ちしたら出来上がりです。

食べごたえは十分、後口はさっぱり

なす焼きのしょうがじょうゆ

15min

なす　3本
しょうが　1かけ
しょうゆ、塩　各少々
太白ごま油（またはサラダ油）　大さじ2

① なすを縦半分に切り、皮目に格子の切り込みを入れ、内側のほうに軽く塩をふります。
② しょうがはすりおろしておきます。
③ 油を熱して、なすを色よく両面焼き、アツアツのところにおろししょうがをのせ、しょうゆをたらしていただきます。

アンチョビーの塩けと風味が後をひく

じゃがいもとアンチョビーのグラタン

じゃがいも　2個
玉ねぎ　1/4個
アンチョビー（フィレ）　5〜6枚
生クリーム　1カップ
パン粉、にんにく、バター　各適量

① じゃがいもは5cmくらいの長さの千切りに、玉ねぎはスライス、にんにくは皮をむいて、半分くらいに切ります。オーブンは180度に温めておきます。
② 大さじ1くらいのバターで、じゃがいもと玉ねぎをしんなりするまで炒めます。
③ 耐熱皿ににんにくをこすりつけて香りをつけ、バターを塗り、炒めた②を半分くらい入れます。アンチョビーを散らし、②の残りを上にかぶせるようにして盛り付けます。
④ 生クリームを注ぎ入れ、オーブンで20〜30分ほど焼き、一度取り出してパン粉を散らして、再び10分くらい焼きます。
□ アンチョビーの代わりにコンビーフ＆マヨネーズにしたり、じゃがいもをれんこんや長いもに替えてもおいしいです。
撮影時の耐熱器の大きさは10cm×16.5cm、高さは3.5cmでした。

粉をまぶすだけでクリーミーに

エリンギの牛乳ソテー

エリンギ　4本
牛乳　1カップ
バター　大さじ2
オリーブオイル　大さじ1
小麦粉　小さじ2
塩　少々
フレッシュタイム　少々

① エリンギは一口サイズに裂きます。
② フライパンにオリーブオイルとバターを入れて弱火にかけてバターを溶かし、中火にしてエリンギをさっと炒めます。
③ 塩で味をつけて、小麦粉をふり、からめます。
④ 牛乳を少しずつ加えて、全体にとろりとしてきたら、タイムを加えて出来上がりです。

15min.

白いご飯のおいしさ

朝食に炊きたてのご飯をいただく。

こんな幸せなことはありません。

ご飯をお鍋で炊くようになってから、朝のご飯炊きが苦にならなくなりました。炊飯器は夜タイマーをセットしておけば、それなりに便利だったのですが、私には機械的すぎて、誰かに朝ごはんを作ってもらっている感じがしていました。気持ちがのらなかったのです。私に朝ごはんの支度をする気にさせたのは直火で炊くご飯でした。毎日のことですのに、毎回あの炊きたての真っ白なご飯ができ上がると感動します。朝から私は白いご飯に酔っているのかもしれません。

真っ白なご飯は茶碗にちょっとずつやさしくよそいます。少し空気を入れるようにして。そうするとますますふっくらとした食感が味わえるような気がします。

せっかくの白いご飯がまずくみえてしまったら

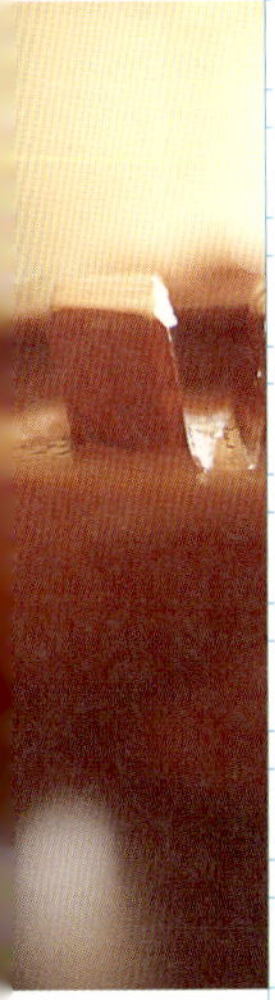

もったいないですものね。

忙しくてもていねいに、ていねいに、そっとよそいましょう。盛り方ひとつでご飯がいきいきしてみえる。そうするとおいしさも倍増して、またまた食べすぎてしまうのですが。

炊きたての白いご飯は塩むすびにしても、これまたおいしくて食べすぎてしまいます。朝忙しく出ていく夫に２、３個さっとにぎってあげると、大喜び。

ごはんいらないって不機嫌な顔のときには、だまって塩むすびをにぎってテーブルに置いておく。おむすびだと食べやすいから、さっと手が出て、あっというまに平らげて出かけます。そうするとなんとなく、顔もほころんだようにみえます。

今年の夏はよく朝ごはんに塩むすびをにぎりました。食欲がなくなるような暑いときにも、塩むすびならなんとか食べられて、我が家は夏バテ知らずです。

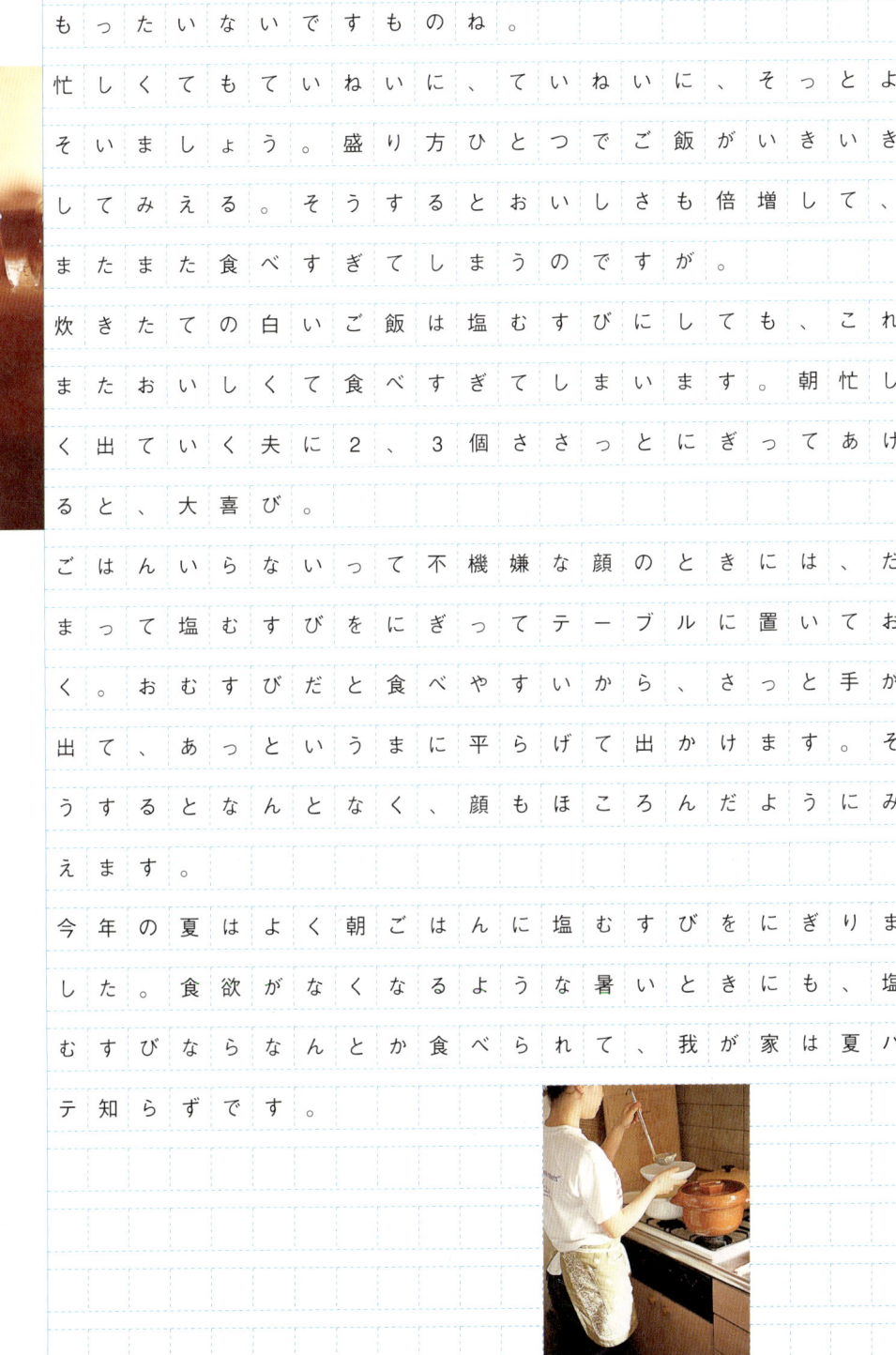

朝はお米が基本

前にも書きましたが、私はご飯が大好き。
ですから、基本的には朝からご飯を炊いていただきます。時間のゆるす限り
ご飯に合うおかずを作って、というのが理想ですが、
忙しい朝にはお茶碗ひとつで完結するご飯も、欠かせない献立のひとつです。
炊き込みご飯であったり、混ぜご飯であったり、ご飯とお汁《つゆ》、
またはおこうこがあればの朝ごはんもいいものです。
さっと作って、さっと後片付けをして、ごはんの時間なり、
そのあとのお茶をいただく時間をゆっくりととりたいものですね。

菜めし

ごぼう入りしじみ汁

キャベツとじゃこのナンプラー炒め

青菜の美しい色合いも楽しめる

菜めし

5min.

大根の葉やかぶの葉など　ひとつかみ
自然塩　少々
炊きたてのご飯　茶碗2杯分くらい

① 葉を小口から刻んで、塩を加えて軽くもんで5分くらいおきます。
② さっと水洗いして、ぎゅっとしぼり、ご飯に混ぜ合わせます。
□ 大根に申し訳なさそうに付いている葉っぱも、こうしていただくとごちそうです。多少しなびていても無駄にせず、食べてしまいます。

だしはとらず
貝のうま味でいただきます

ごぼう入りしじみ汁

15min.

しじみ　150gくらい
ささがきごぼう　少々
みそ　適量

① しじみは真水で砂出しします。
② 貝をこすり合わせるようにして洗い、鍋に入れます。水2カップほどを注ぎ入れ、火にかけます。
③ 貝の口が開いたら、ごぼうを入れ、火を落としてみそをとき入れます。

仕上げのナンプラーで新鮮な味わいに

キャベツとじゃこのナンプラー炒め

キャベツの葉　3～4枚
ちりめんじゃこ　ひとつかみ
太白ごま油（またはサラダ油）小さじ1
ナンプラー　少々

① キャベツは一口大の大きさにちぎります。
② フライパンを熱して油を入れ、キャベツを炒めます。しんなりしてきたら、じゃこを加えてさっと炒め合わせ、ナンプラーで味付けします。
□ じゃこの塩けもあるので、ナンプラーはほんのちょっとたらす程度に。

5min.

梅肉をプラスしたさっぱり味の卵丼

梅たま丼

5min

梅干し　1個
卵　2個
長ねぎ　少々
ごま油　少々
炊きたてのご飯　丼2杯分くらい

① 梅の果肉をたたいておき、ねぎは薄い小口切りにし、とき卵に合わせます。
② 熱したフライパンに油を入れて、卵をさっと炒め、
半熟くらいのとろりとしたいり卵に仕上げます。
③ 炊きたてのご飯にのせて、ざっくりと混ぜながらいただきます。
□ ごま、海苔、紫蘇やみょうがなどの薬味や薄切りのきゅうりを塩でもんだもの、
トマトの乱切り、大根おろしなどを加えてもおいしいです。
梅干しの味によってはしょうゆなどで味をととのえてください。

何にでもよく合う、秘伝のゆずこしょうを添えて

ゆずこしょう風味の豆ご飯

30min.

グリーンピース　2/3カップくらい
自然塩　小さじ1/2
酒　小さじ2
米　2合
ゆずこしょう　適量

① 米をといで、グリーンピース、塩、酒を入れて、白米を炊くときの分量のところまで水をたして炊き、炊き上がったら全体を軽く混ぜます。

② 器に盛り付け、それぞれ好みの量のゆずこしょうをつけながらいただきます。好きなかたはご飯に一緒に混ぜ合わせてもいいですね。

甘酢しょうがをたれ代わりに

トマトのすし丼

5min

プチトマト　10個
甘酢しょうが　ひとつかみ
自然塩　少々
紫蘇の葉　4枚
白ごま　少々
海苔　少々
すしめし　丼2杯分くらい

① プチトマトは小さいものは半分に、大きめのものは4等分に切ります。
甘酢しょうがは粗みじんに切り、紫蘇は小さくちぎっておきます。

② ①を合わせて塩で味をととのえます。

③ 丼にすしめしを盛り付け、海苔を散らし、トマトの具をのせて、白ごまをふります。

□ すしめしがめんどうなときにはトマトの具のほうに市販のすし酢を加えて、
5分くらい冷蔵庫でマリネして、ご飯にのせてもおいしい。

□ トマトは冷たく、すしめしはほんのり温かい組み合わせがおいしいと思うのですが。

千切りしょうがの風味が夏にぴったり

しょうがご飯

30min

しょうが　2かけ
自然塩　小さじ1/2
米　2合

しょうがを千切りにし、といだ米と塩を合わせて炊き、炊き上がったら、軽く混ぜ合わせて出来上がりです。

□ しょうがの辛みが気になるかたは、しょうがの代わりに炊き上がったところに、甘酢しょうがの千切りを混ぜてもおいしい。

鶏そぼろと黄身の彩りもきれいな親子丼

そぼろ丼

15min

鶏ひき肉　200g
＜調味料＞
- 砂糖　小さじ2
- 酒　大さじ1
- しょうゆ　小さじ2

きぬさや　6枚くらい
塩　少々
ご飯　丼2杯分くらい
ゆで卵の黄身　2個分

① ひき肉に調味料を合わせてから鍋に入れて火にかけ、いり煮します。
② きぬさやは筋を取ってさっと塩ゆでし、
斜めの細切りに、ゆで卵の黄身はざるなどで裏ごしします。
③ 丼にご飯を盛り付けて、具をのせます。

ざくざくと切った漬物をどっさりと混ぜ入れて

干物のちらしずし

鯵の干物　大1枚
たくあん、しば漬け（刻んだもの）
　合わせて大さじ3くらい
みょうが　1個
紫蘇の葉　5枚
白ごま　少々
すしめし　丼2杯分くらい

15min.

① 干物を焼いて熱いうちに身をほぐします。
みょうがは小口切りに、紫蘇は千切りにします。
② すしめしが温かいうちにほぐした干物と漬物、
みょうがを混ぜ合わせて器に盛り付け、
白ごまと紫蘇を散らします。

レタスの新鮮な歯ざわりを生かして

レタスと豚肉のおかゆ

15min

レタスの葉　3～4枚
豚ロース薄切り肉　4枚
塩、片栗粉　各少々
ご飯　お茶碗1杯分
中華だし　小さじ1/2

① 鍋にご飯、水3カップ、中華だしを入れて弱火でコトコト煮ます。
② 肉は一口大に切り、塩をふって片栗粉をまぶします。
レタスは一口大にちぎっておきます。
③ ご飯がとろりとなってきたら、片栗粉をまぶした肉を入れ、火が通ったら、
レタスを加えて出来上がり。レタスは煮込まず、余熱でしんなりさせます。
□ お餅を入れてもおいしいです。

しんなりキャベツをベーコンの旨みでいただく

野菜炒めかけご飯

5min

キャベツの葉　3〜4枚
きぬさや　6枚
スライスベーコン　3枚
塩、こしょう、しょうゆ（好みでナンプラーに
　替えても）　各適量
ご飯　丼2杯分くらい

① キャベツは一口大に切り、きぬさやは筋を取って半分に切ります。
ベーコンは1cmくらいの細切りにします。
② 熱したフライパンにまずベーコンを入れて炒め、脂が出てきたら、
キャベツ、きぬさやの順に加えて塩を少々ふって炒めます。
③ 全体にしんなりしてきたら、しょうゆとこしょうで味をととのえ、
盛り付けたご飯の上に熱いうちにのせていただきます。

手早くとりたい朝はパンを使って

ご飯党の私も月に2、3度無性にパンが食べたくなることがあります。
そんなときのレシピを作ってみました。いずれも冷蔵庫にあるもので
できるものばかりですが、そのちょっと変わった組み合わせを味わってみてほしい。
最初はエッと驚くかもしれませんが、一度食べたらやみつきになりますよ。
パンは切り方も楽しんでみましょう。バゲットなら、斜めに切ったり、薄い輪切りにしてみたり、
縦半分に切ったり。食パンは4つに四角く、台形に、三角に、スティックのように細く切ったり。
いつものパンも姿が変わると、味も新しくなったような気がします。

とろ〜りモッツァレラとアボカドの相性は抜群

アボカドと白いチーズの焼きサンド

アボカド　1個
モッツァレラチーズ　1個
バゲット　10cm×2本
にんにく　1/2かけ
オリーブオイル　適量
塩、こしょう　各少々

15min.

① オリーブオイルにつぶしたにんにくを漬けておきます。
② バゲットを縦半分に切り、切り口ににんにくをこすりつけるようにしながらオリーブオイルを塗ります。
③ アボカドとチーズを5mmくらいの厚さにスライスします。
④ バゲットにアボカドをのせ、塩、こしょうをしてチーズをのせて、オーブントースターで3〜4分チーズがとろりと溶ける程度まで焼きます。
□ にんにく風味をつけると香りがいいのですが、気になるときはオリーブオイルを塗るだけでも。チーズは普通のプロセスチーズや、青かびチーズでもおいしくできます。アボカドは切ったらすぐに焼いてしまえば、変色も気にならないので、レモンなどはかけませんでした。

アボカドと白いチーズの焼きサンド

残り野菜を上手に使って

野菜のコンソメスープ

セロリ、にんじん　各少々
コンソメキューブ　1個

野菜を細切りにし、水2カップとコンソメで作ったスープでさっと煮て出来上がり。野菜は冷蔵庫にある残り野菜を使いましょう。もっとスープにボリュームが欲しいときにはハムやベーコンを入れたり、卵を落としたりします。

5min.

野菜のコンソメスープ

ケチャップなしで素材の味を引き出した

ホットドッグとダブルエッグドッグ

［ホットドッグ］
ソーセージ（あればロングサイズのもの） 2本
レタス、ピクルス、マスタード　各適量
ホットドッグ用パン　2本

ソーセージはボイルするか、網焼きにします。
パンにマスタードを塗り、レタスとピクルス、
ソーセージをはさみます。

5min.

［ダブルエッグドッグ］
ゆで卵　2個
マヨネーズ　大さじ2
たらこ　適量
ホットドッグ用パン　2本

15min.

ゆで卵はフォークなどで粗みじんにつぶして、マヨネーズで和え、
パンにはさんで、切ったたらこをのせて、オーブントースターで焼きます。
□ 卵好きが高じてできたダブルエッグドッグ。よくカナッペでゆで卵の
上にイクラやキャビアがのってくるでしょう。
あれがヒントだったのです。鶏卵と魚卵の組み合わせって最高です。

レバー嫌いさんにもおすすめの

レバーペースト入りの卵サンド

15min.

卵　3個
市販のレバーペースト　大さじ3
オリーブオイル　適量
ルッコラ、紫玉ねぎ　各少々
砂糖　ひとつまみ
黒こしょう　少々
厚切り食パン　2枚

① 卵をときほぐし、砂糖を加えます。
② よく熱したフライパンにオリーブオイル大さじ1を入れて、卵液を流し込みます。全体を混ぜて、卵が固まりだしたら、レバーペーストを加えて好みのかたさに焼きます。
③ パンにオリーブオイルをたらしてこんがり焼き、卵をのせ、黒こしょうをふって、ルッコラと紫玉ねぎのスライスをのせます。

□ 瓶詰のレバーペーストが中途半端に残っていたので、オムレツに入れてみましたら、とっても濃厚な味になりました。卵に味付けはいりません。レバーペーストのほかに、アンチョビーを入れたりもします。

バター＆たらこはおつまみとしても

たらこトースト

パンにバターと皮を取り除いたたらこを塗り、ごまをふってオーブントースターで焼きます。

5min.

カリカリじゃこが香ばしい

じゃこチーズトースト

パンにスライスチーズとたっぷりのじゃこをのせてオーブントースターで焼きます。

5min.

韓国海苔の塩けで

海苔トースト

パンにマヨネーズを塗り、海苔をのせてオーブントースターで焼きます。最近は韓国海苔にはまっています。

5min.

ガーリックオイルは仕上げに

ガーリックトースト

にんにくをつぶしたものをオリーブオイルに漬けておき、そのにんにくをバゲットにこすりつけながらオイルを塗ります。刻みパセリをまぶし、オーブントースターで焼きます。

5min.

母の作ってくれた朝ごはん

休日の朝、目が覚めると台所からあったかいにおいがただよってくる。いつものやさしいにおい。それは母の作ってくれた牛乳スープのにおい。

幼い頃寒い冬の時期、休みの日の朝ごはんはかならずといっていいほど白菜とベーコンを牛乳で煮たスープが食卓に並びました。大きなお鍋に真っ白なスープがはいっており、家族が起きてきた順番に、それぞれ自分のお皿に取り分けて朝食の時間が始まります。

寒い朝に、フーフーいいながら、とろとろになった白菜を口いっぱいにほおばって、子供心にあったかいスープがあると幸せだなぁと思っていました。身体はちっちゃかったけれど、朝からモリモリ食べていたことをとてもよく覚えています。

思えばなんてことはない、白菜とベーコンを牛乳だけでコトコトとろけるくらい煮込んで味

はコンソメと塩だけ。そんな簡単なスープでしたが、私にとってはたいへんなごちそうで休日の朝が楽しみでならなかったほどなのです。

今でもお休みの日の朝、ときどきあの味を思い出しては作ります。自分で作るようになってわかったことですが、これは本当に休日むきの一品だということ。まず材料が少ない。冷蔵庫の残りものでもできてしまうくらいのシンプルさが逆においしい味を出してくれているように思います。

このスープを私も自分の家族のために作るようになって、家庭をささえてきた母の気持ちが少しずつわかってきました。三十もなかばになっておはずかしいのですが、やっと家族のつながりをしみじみと感じています。何かにつまずいたときには、母のスープに立ち戻ってまたスタートする。そうすればきっと心やさしく台所に立てるような気がします。

一品でもボリュームありの
具だくさんスープ

朝、ちょっと食欲がないときでも、スープならスルスルッと口に流し込めて、
そして食べているうちにおなかが元気になってきます。子供の頃から、大好きでした。
いつもはぐずぐずしているのに、具だくさんのスープが食卓に並んだ日は
大喜びで食べていた思い出があります。どうしてでしょうね。
子供心に食べやすいものと思っていたのかな。
チャーハンを添えのコンソメスープに入れて食べたり、納豆ご飯をおみそ汁に入れてしまったり、
料理はできませんでしたけれど、食卓で自分なりの食べたい味をみつけていました。
中身がなんであれ、スープ仕立てになっていればうれしかったのです。
あったかいスープは身体も心も温めてくれます。寒いときにはもちろん、
暑い日にもアツアツのスープを飲んで元気に出かけたいものです。

フライドオニオンを使って時間を大幅短縮

オニオングラタンスープ

15min.

市販のフライドオニオン　大さじ3
（なければ、よく炒めた玉ねぎで）
コンソメキューブ　1個
バゲット　4cmくらい
にんにく　1/2かけ
刻みパセリ、粉チーズ　各適量

① 水2カップを煮立たせて、コンソメキューブとフライドオニオンを入れてさっと煮ます。
② バゲットを薄く切って、切り口ににんにくをこすりつけて、軽くトーストします。
③ 耐熱の器にアツアツの①のスープをはり、パセリを散らして、バゲットを浮かべ、粉チーズをたっぷりとかけて、オーブントースターで3分ほど焼きます。
□ 玉ねぎを炒めるところから始めると、とても時間がかかるオニオングラタンスープですが、市販のフライドオニオンや炒めた玉ねぎを使うと手軽にできます。

オニオングラタンスープ

ドライフルーツの甘みを生かしてヘルシーに

フルーツヨーグルト

5min.

ドライフルーツのプルーンとアプリコットを食べやすい大きさに切り、プレーンヨーグルトと混ぜます。

フルーツヨーグルト

市販品を組み合わせればあっという間

スープパイ

市販のスープ缶（またはレトルトのスープでも） 2人分
パイシート（15×20cmくらいの大きさのもの） 1枚

15min.

① パイシートを室温に出して5分くらいおきます。オーブンを200度に温めておきます。
② 耐熱皿に温めたスープを入れて、パイシートをしっかりとふたをするようにかぶせてオーブンに入れ、10分焼きます。
□ 素材はいずれも市販のものですが、組み合わせることで手作り感が出ます。
手抜きだけれど、朝からパイの焼けるにおいがするってなかなか幸せな気分です。
□ 撮影時はキャンベルのきのこのクリームスープを使いました。

コンソメと中華だしをミックスして

大豆のスープ

15min.

水煮大豆　100g
生ひじき　50g
にんじん　1/4本
ごま油　小さじ1
中華だし　小さじ1/2
コンソメキューブ　1個
塩、しょうゆ　各少々

① 水煮大豆、ひじきはさっと水洗いし、
にんじんは3cmくらいの長さの細切りにします。
② 鍋にごま油を熱してにんじん、大豆、
ひじきの順に加えながら軽く炒め、湯2カップを注ぎ入れます。
③ 中華だしとコンソメを入れて10分くらい煮てから、
塩、しょうゆで味をととのえます。
□ ハムやベーコン、ちくわなどを具に加えてもいいですね。

かにの旨みとタバスコの辛さがマッチした

オクラとえびのトマトスープ

15min.

むきえび　6〜8尾
かに缶　小1缶
オクラ　4本
玉ねぎ　1/2個
ホールコーン缶　小1缶
ピーマン　1個
にんにく　1/2かけ
ホールトマト缶　1缶
オリーブオイル　大さじ1
タバスコ　少々
塩、しょうゆ　各少々
（あれば）タイム　少々

① えびは背わたを取り、オクラは1cmくらいの小口切りに、玉ねぎ、ピーマンは粗みじんに切り、にんにくはつぶし、ホールトマト缶はボウルにあけて手でつぶしておきます。
② 鍋にオリーブオイルとにんにくを入れて弱火にかけ、香りが出てきたら、えびを炒め、一度取り出します。
③ 玉ねぎ、ピーマンを炒め、①のホールトマト、汁けをきったコーン、かに缶は汁ごと、あればタイムを加えて煮ます。
④ オクラと炒めたえびを戻し入れて、塩、しょうゆ、タバスコで味をととのえます。

□ オーストラリアに旅した際に、ホテル前のカフェで毎日のように注文したこのスープ、現地ではガンボスープと呼ばれていました。ガンボとはオクラのことで、アメリカ南部のケイジャン料理の代表的な一品なんだそうです。朝からちょっと贅沢ですが、シーフードの味がよく合うので、あさりやいかなどを入れて作ることもあります。パンにもよし、ご飯をスープに入れて食べてもおいしいです。

温かいトマトは口当たりもやさしい

トマトワンタン

15min.

トマト　1個
鶏ひき肉、豚ひき肉　合わせて100g
梅肉　1個分
ナンプラー　小さじ1
片栗粉　小さじ1
ワンタンの皮　適量
中華だし　少々
香菜　適量

① トマトは半分に切って種を取り、ざく切りにし、梅肉はたたいておきます。
② トマトと梅肉、ひき肉を合わせてナンプラー、片栗粉を加えて混ぜ、ワンタンの皮で包みます。
③ 水2カップに中華だしを加えてスープを作り、ワンタンを加えて煮ます。仕上げに香菜を散らして。
□ トマトを加えることでさっぱりしたワンタンに仕上がるので、朝から何個でも食べてしまいます。肉の代わりに、いり卵を具にして包んでもなかなかいけます。

かつおだしをしっかりときかせて

基本のかぶら汁

だし汁　2カップ
塩、薄口しょうゆ　各少々
かぶ　2個

① かぶを皮ごとすりおろし、ざるにとって水けをきっておきます。
② だし汁を温め、塩と薄口しょうゆで味付けし、
すったかぶを加えてひと煮立ちしたら出来上がり。
□ かぶがちょっと余ったときなどによく作る汁ものです。
具は何でも合うので、いろいろ試してみてください。
お餅入りは我が家のお正月のお雑煮としても登場します。

豆腐としめじを加えて

味をつけただし汁を温めたところに食べやすい大きさに切った豆腐としめじを加えてさっと煮ます。すったかぶを入れて、もう一度ひと煮立ちさせて。

15min.

餅と三つ葉を加えて

餅を焼いて器に盛り付け、その上からかぶら汁をはり、三つ葉を飾ります。

15min.

じっくりと煮出した豚肉のおいしいスープを一滴残らずどうぞ

豚バラ肉とれんこんのスープ

豚バラかたまり肉　150g
れんこん　5cm
にんじん　1/4本
長ねぎ　少々
酒　大さじ1
塩　適量

30min

① 豚バラ肉は1cmくらいにスライスし、れんこんは皮をむいて
1cm幅の輪切りにし、酢水（分量外）につけておきます。
にんじんは小口切り、長ねぎは斜め薄切りにします。
② 鍋に水2カップを入れて、酒と豚バラ肉を入れて火にかけ、
15分くらい煮ます。
③ れんこんとにんじんを加えて10分ほど煮て、塩で味をととのえ、
器に盛り付けてねぎを散らします。

□ 豚バラ肉のだしでれんこんを煮ますが、だしがうまく出なかった場合は
中華だし、またはコンソメキューブで調整してください。根菜も煮ものだけでなく、
スープに入れても歯ごたえがあっておいしいので、
れんこん、ごぼう、里いも、長いもが少しずつ残っているときなどは、
根菜いっぱいのスープにしていただきます。

ねばねばトリオを入れた健康スープ

とろとろ冷やし汁

やまといも（または長いも）　10cmくらい
オクラ　2本
めかぶ　100g
だし汁　1カップ
塩、薄口しょうゆ　各適量
おかか　適量

① だし汁に塩、薄口しょうゆで、お吸いものよりやや濃いめに味をつけて冷ましておきます。
② やまといもの皮をむいてすりおろします。
③ オクラは塩をまぶしつけて、表面の細かい毛をこすり取り、小口切りにします。めかぶは生のパックのものはそのまま使い、乾燥しているものは水でもどして食べやすい長さに切ります。
④ 器に冷たいだし汁をはり、その上にすったやまといも、オクラ、芽かぶをのせて、おかかをたっぷりとふります。
□ 好みで卵の黄身を落としてもいいですね。

the day before +5min.

牛乳にコンソメキューブを加えるだけで何にでも使えるミルクスープアレンジ5

ミルクとスープの素さえあれば、手抜きといってもいいくらい、簡単に、それでいて、とっても手が込んでいるようにも思えるスープができてしまいます。冷たい牛乳、甘い牛乳もおいしいけれど、アツアツで塩味がきいた牛乳の味もおいしい。牛乳の力ってすごいなって思います。スープの部分を全部牛乳で作ってもいいですし、牛乳の量が足りなかったり、牛乳の味を少し薄く作りたいと思うときにはどうぞ水を加えてください。その調整はお好みです。あったかな白い色のままのスープもいいですし、白を野菜の色で染めてもきれい。味もさることながら、牛乳の白が食欲を刺激してくれます。

クリームコーンを使って

豆腐入り コーンスープ

豆腐（木綿、絹どちらでも）　1/2丁
クリームコーン缶　小1缶
牛乳　2カップ
玉ねぎ　1/4個
バター　大さじ1
コンソメキューブ　1個
塩、こしょう　各適量

① 鍋を熱してバターを溶かし、粗みじんに切った玉ねぎを軽く炒めます。
② 牛乳を注ぎ、クリームコーンとコンソメを加えて混ぜ、ふつふつとしてくるまで火にかけます。
③ さいの目に切った豆腐を加え、豆腐が温まったら、塩、こしょうで味をととのえます。

15min.

母から習った懐かしの一品

白菜の芯と 帆立てのスープ

白菜の芯の部分　2枚分
帆立て缶　小1/2缶
牛乳　2カップ
コンソメキューブ　1/2個
塩　適量

15min.

① 白菜の芯を細切りにします。
② 鍋に牛乳とコンソメ、白菜の芯、帆立てを缶汁ごと入れて火にかけ、中弱火でコトコトと煮ます。
③ 白菜がしんなりしたら、塩で味をととのえます。
□ 残った白菜の葉は、刻んで漬物やサラダに使います。

鮭の旨みをスープのだしに

鮭入り具だくさんスープ

30min.

生鮭の切り身　1切れ
塩、こしょう、小麦粉　各適量
オリーブオイル　小さじ2
じゃがいも　大1個
にんじん　1/4本
マッシュルーム　4個
ブロッコリー　1/2株
プチトマト　4個
牛乳　2カップ
コンソメキューブ　1個

① 鮭は一口大に切り、塩、こしょうをします。じゃがいも、にんじんは皮つきのまま乱切りに、マッシュルームは縦半分に切り、ブロッコリーは小房に分けます。
② 鮭に小麦粉をまぶし、鍋にオリーブオイルを熱して、さっと表面を焼きつけて取り出します。
③ 野菜を加えて鍋を返しながらさっと炒め合わせ、牛乳を注ぎ入れます。
④ 焼いた鮭、コンソメを加えて煮て、野菜がやわらかくなってきたら、トマトを加え、塩、こしょうで味をととのえます。

たらとじゃがいもを使ってボリュームアップ

まっ白のスープ

生たらの切り身　1切れ
塩、小麦粉、バター　各適量
じゃがいも　1個
カリフラワー　1株
玉ねぎ　1/2個
にんにく　1かけ
ローリエ　1枚
牛乳　2カップ
コンソメキューブ　1個

30min.

① たらは一口大に切り、塩をして10分くらいおきます。たらをペーパーなどに包んで水けをふきとり、小麦粉をまぶします。
② じゃがいもは皮をむいて乱切りに、カリフラワーは小房に分け、玉ねぎはくし形切りに、にんにくはつぶしておきます。
③ 鍋を熱してバターを溶かし、たらをさっと焼きます。たらの表面が焼けたら一度取り出し、牛乳を注ぎ入れ、②の野菜とローリエ、コンソメキューブを入れて煮ます。
④ 野菜がやわらかくなったら、たらを戻し入れて、さっと煮て、塩で味をととのえます。

とろりとした口当たりもごちそうのひとつ

アボカドと豆腐のスープ

豆腐（木綿、絹どちらでも）　1/2丁
アボカド　1個
玉ねぎ　1/4個
バター　少々
コンソメキューブ　1個
塩　適量
牛乳　適量

30min.

① アボカドはざく切りに、玉ねぎはスライスし、豆腐は軽く水きりしておきます。
② 鍋にバターを溶かし、玉ねぎを炒めます。しんなりしたら、水1カップとアボカド、コンソメを加えて煮ます。
③ ②の粗熱を取り、豆腐と一緒にミキサーにかけます。
④ 牛乳を加えて好みのとろみにのばし、塩で味をととのえます。
□ 冷やして冷製にしてもよし、もう一度火にかけて温かいスープにしてもいいです。

早起きの気持ちよさを知る

私は、決して朝早起きして、ちゃっちゃとごはんの支度をしたり、身支度をととのえるというたちではありません。どっちかというとボーッとしており、なかなか動けません。

それでもやはりおなかはすきます。とんでもなく食い意地がはっているのでしょう。

おなかがすいて起きてしまうといってもいいかもしれません。夫も同じ胃袋を持っているようで、ふたりともおなか時計で目を覚まします。

２０代の頃はおふとんのなかから「いってらっしゃい」なんてこともありました。夫は怒りもせずに仕事に出かけておりました。本当はあきれていたのか、あきらめていたのかはわかりませんが、専業主婦でありながら、主婦業を放棄しているときがありました。あの頃のことを思うと夫に対してほんとうに悪いことをしていたなと思います。

そうこうするうちに夫の仕事が忙しくなり、夕食をともにすることが少なくなってきました。さすがの私もせめて朝ごはんくらいは一緒に食べようと思い、彼の仕事の時間に合わせてごはんの支度をしています。

３０を過ぎてから朝の気持ちよさが身体にしみてきました。以前は支度ばかりに気をとられて窓も開けずに家を飛び出していたんですね。だから朝一番のさわやかな風を感じることなく、寝ていたときの重い空気のなかで私の朝は始まっていたわけです。これでは朝のつらさははれませんよね。今思えばなにもかも余裕がなかったのだと思います。

とっても簡単なことですが、まず窓を開けて空気を入れ替える。こんなことで朝が少しずつ好きになって、気持ちも楽になっていきました。

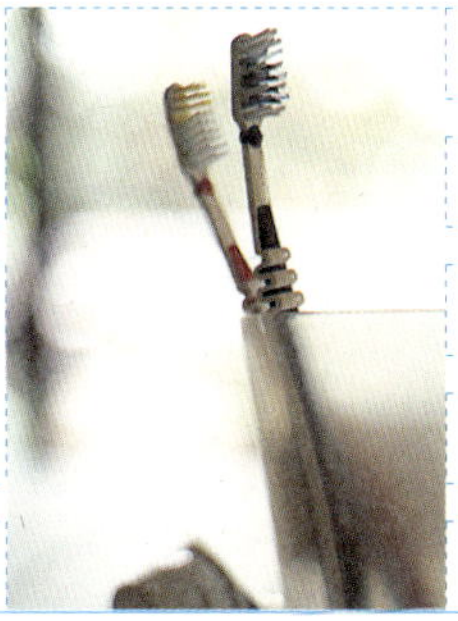

ドレッシングなしだから早い！
味付けしっかりのクイックサラダ

朝食のサラダは幸せの象徴のように見える。
幼いころ憧れた、フォークとナイフがセットされた洋食スタイルの朝食には、
必ず彩りのいいサラダがありました。今となっては
おしんこに炊きたてのご飯がいちばんほっとする朝ごはんだったりするんですが、
サラダっていう響きがしゃれた感じがして、優雅な気持ちになったりします。
本当はめちゃくちゃ忙しい時間帯なのにね。なので、少しだけ心に余裕があるときは
和にも、洋にも合うこんなサラダを一皿作ってみてください。
きっと心と舌にやさしさを与えてくれます。

コンビーフと混ぜながら、パンにのせて

じゃがいもとコンビーフのホットサラダ

じゃがいも　2個
コンビーフ　100g
オリーブオイル　小さじ2
こしょう　適量
サンドイッチ用の薄切りパンとオリーブ　各適宜

15min.

① じゃがいもは皮つきのまま一口大に切り、ラップをかけて電子レンジで
7～8分加熱して、やわらかくします。
② 熱したオリーブオイルでさっとコンビーフを炒め、こしょうをふります。
③ アツアツのじゃがいもに、炒めたコンビーフをかけて、混ぜながら食べます。
□ パンにじゃがいもとコンビーフ、オリーブをのせて食べるのが好きです。

オリーブオイル＋しょうゆの絶妙な相性のよさ

京菜と油揚げのサラダ

京菜　200g
油揚げ　1枚
しょうゆ、ナンプラー、オリーブオイル、
ゆずこしょう　各適量

15min.

① 京菜は冷水につけてパリッとさせ、5cmくらいの長さに切ります。
油揚げはこんがりと網焼きし、細切りにします。
② しょうゆにナンプラー少々を加えて、その量と同量のオイルで割り、
ゆずこしょうを好みでとかし入れます。
③ 京菜と油揚げを盛り付け、いただくときにしょうゆオイルをかけます。
□ 京菜は冷水でパリパリに、油揚げは焼いてパリパリに、
ふたつの違うパリパリ感が合わさった食感がたまりません。
ナンプラーとゆずこしょうは、好みで加えて下さい。
2種類のしょうゆの風味がシンプルなサラダの味を引き立てます。

塩もみしたかぶにオリーブオイルをかけただけ

かぶのサラダ

かぶ　2個
かぶの葉　少々
塩、こしょう、オリーブオイル　各適量

15min.

① かぶの葉は細かく切り、かぶは皮をむいて6等分のくし形切りにし、
それぞれに軽く塩をしてしばらくおきます。
② それぞれを軽くしぼってから合わせて、こしょうとオリーブオイルで和えます。
□ 塩がきつくなりすぎたときにはさっと水洗いしてしぼります。
レモン汁、白ワインビネガーで酸味をプラスしてもいいですね。

カリカリベーコンとおかかで香ばしさを出して

大根のアツアツベーコンかけ

5min.

大根　5cm
スライスベーコン　2枚
おかか　適量

① 大根は太めの千切りに、ベーコンは細切りにします。
② 熱したフライパンにベーコンを入れ、オイルなしで炒めます。
ベーコンの脂が出てカリカリになってきたら、
熱いうちに大根にかけて、おかかをのせます。
□ いただくときによく混ぜてください。好みでしょうゆや黒こしょうを加えても。

バルサミコ酢とすし酢をドレッシング代わりに

ひじきのサラダ

15min.

生ひじき　100g
きぬさや　5枚
れんこん　3cm
白ごま　少々
すし酢、バルサミコ酢、しょうゆ　各少々

① 生ひじきは軽く水洗いし、水けをしぼっておきます。
② きぬさやは筋を取ってからさっと塩ゆでして斜め切りに、
れんこんは皮をむいて薄切りにし、さっとゆがいてすし酢に漬けます。
③ ①、②にバルサミコ酢としょうゆを合わせ、
白ごまをふります。

朝寝坊した日もジュースだけは

私のジュースは水分少なめです。仕上がりはとろとろのスープみたい。
さらさらにしすぎると旨みが薄くなってしまうような気がするのと、
とろりとしたのどごしが好きだから、そうしています。
濃度は好みで水なり、牛乳なりで調整してください。固形物がのどを通らない日は
ジュースで栄養補給。案外ジュースを飲んだら食欲が出てきたなんてこともありますけれど。
ひとりのときにはグラスにも注がないで、ミキサーの取っ手をガバッとつかみ、
そのままグビグビと飲んでしまいます。お行儀は悪いけれど、だれも見ていないし、
そのほうがたっぷり飲めて健康的な気がするのです。そんな風に思うのは私だけでしょうか。
□ それぞれ野菜や果物をミキサーにかけるときには、やわらかいもの以外は
2〜3cm角くらいの大きさに切ってから入れます。

豆乳とカリフラワーのジュース

グリーンカラーのジュース

オレンジカラーのジュース

栄養重視のミックス野菜ジュース4種

はちみつレモンでさわやかに

バジルジュース

5min.

ミキサーに茎ごとのバジル30g、1/2個分のレモン汁、はちみつ大さじ1、水300ccと氷少々を入れて攪拌します。

くせのないカリフラワーの食べるジュース

豆乳とカリフラワーのジュース

ミキサーに豆乳1カップ、塩ゆでしたカリフラワー1/2株を入れて攪拌します。

5min.

ビタミンCの宝庫のような

グリーンカラーのジュース

ミキサーにキャベツの葉1枚、セロリ1/3本、きゅうり1/2本、キウイ1個、冷水1/2カップを入れて攪拌します。

5min.

カロチンがしっかりとれる

オレンジカラーのジュース

ミキサーに赤ピーマン1個、にんじん3cm、トマト2個、セロリとパン各少々を入れて攪拌します。

5min.

朝の楽しみにもなりそうなフルーツジュース4種

だれもが好きな飲むお菓子

いちごミルク

ミキサーに熟れたいちご150gを入れ、牛乳をひたひたに加えて、砂糖大さじ1を入れて攪拌します。

5min.

寝ぼけた頭をしっかりとさせる

ゆずジュース

冷水300ccに青ゆずなら2個、黄ゆずなら1個をしぼって、好みでガムシロップを入れます。グラスに注ぎ入れて氷を浮かべます。

5min.

パイナップルの酵素が消化を助ける

パイナップル
ジンジャーエール

ミキサーにパイナップル1/4個、ジンジャーエール200cc、氷少々を加えて撹拌します。ジンジャーエールの代わりにココナツミルクを加えると、トロピカルカクテルのピナコラーダ風のジュースになりますが、お酒を入れて飲みたくなってしまうので、要注意です。

5min.

すっきりとした100%すいかの甘さ

すいかのジュース

ミキサーに種を取ったすいか1/16個を入れて撹拌します。すいかが冷たくない場合は氷を少し加えたほうがおいしいです。

5min.

朝のフルーツ

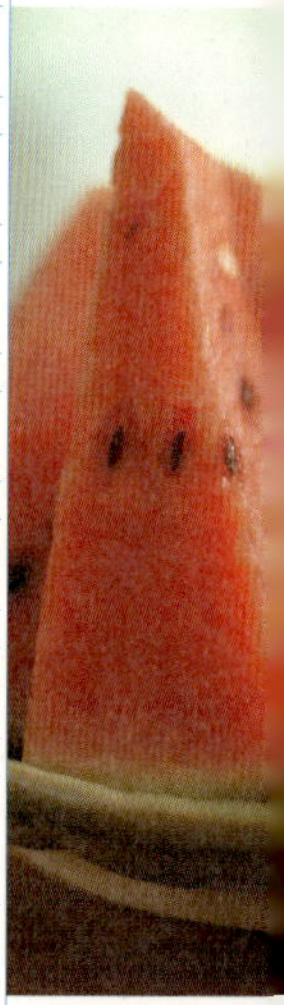

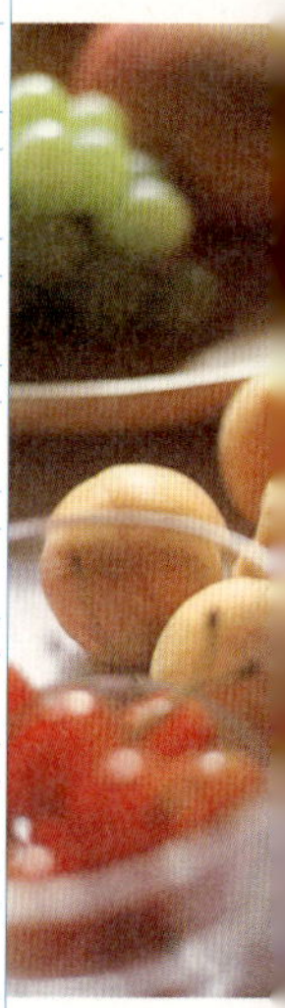

果物がメインの朝食っていうのはなかなかありませんが、年に4、5回くらいは無性に朝から果物をガブガブとほおばりたいと思う日があります。

夫は冷たいみかんをよく食べます。オレンジじゃなくて、みかん。キンキンに冷やしたもの3個くらいを一気に食べます。私の場合はりんごだったり、梨だったり、すいかだったり、たいてい水分の代わりになるようなものが、多いです。水やお茶では満足できない、果物独特の味をほしがる、身体の欲求があるんですね。

自分の身体の欲求に忠実であることは大切なことと思います。それは朝食ならなおさら。昼や

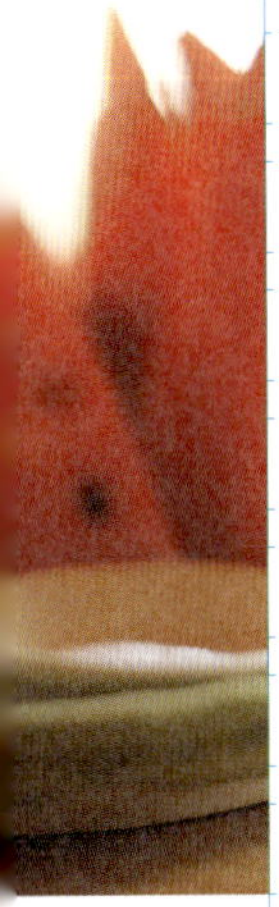

夜のごはんにも欲するものはありますけれど、それは雰囲気だったり、一緒に食べるメンバーに左右されることもあるように思います。

身体がまだ動かぬうちに出す信号ですから、素直に受けたほうがいいですね。それによってその日一日の調子がかわるような気がします。

果物はそんなにたくさんの量をいっぺんにとれませんから、なかなか消費しきれずに無駄になってしまうこともしばしばです。そんなときには早めにミキサーにかけてジュースにして冷凍しておくことをおすすめします。できるだけ生の味をそこなうことなく、保存したいと思い、そうすることにしています。

夫とふたりのブランチ

優雅なブランチは
ほんのちょっとの工夫で手に入れられる

朝ゆっくりと起きてごはんの用意ができる日、休日の朝。
そんな日には少しボリュームのあるものを作って、お昼をかねたごはんはいかがですか。
時間の余裕がありますから、多少手間のかかるものでもいいでしょう。
でも火のそばでつきっきりもつらいし、たくさん切るものがあったりすると億劫になります。
下ごしらえさえしっかりとしていれば、すぐにできてしまうものがうれしいですね。
下ごしらえといっても前日の夕飯と一緒に支度できてしまうくらい手軽なもの。
朝あわてることなく、のんびりしながらも、ごはんの用意がととのったなら最高です。
そしてお休みの日だったら、お昼まから軽くお酒もいただきたい。
ブランチのあとのひと眠りのために。私だったら、の好きなお酒も一緒に提案してみました。

サラダのドレッシングにアンチョビーやオリーブなどの味が加わると、味に深みが出るように思います。
葉野菜だけのサラダには軽めのドレッシングを、
じゃがいもや卵のような食べごたえのある素材のときには、しっかりとした味付けのドレッシングを用意します。
そういえばニースを旅したときに朝市でたくさんの種類のオリーブを売っていました。
色や形が少しずつ違って、もちろん味もさまざま。現地に住むかたは、みなさんビニール袋いっぱいに
オリーブを買っていました。日本でいうなら梅干しやみそにあたるのだろうなと思ったことを覚えています。

ニース風サラダ

Water
ONRAN ENGLISH STILL NATURAL
ottled at Hildon Source, Broughton,

私の好きなフレンチトーストのポイントはふたつあります。
ひとつはパンはバゲットにすること、そしてそのバゲットを長く切って作ることです。
ただふわふわとしたやわらかさだけでなく、皮の部分のしっかりした歯ごたえがあったほうが
食感のメリハリがあっておいしいので、かたい皮の部分を多くとるようになりました。
チーズフレンチは朝から甘いものは食べたくないという夫のリクエストから。それぞれ漬け汁は違いますが、
フライパンのなかでは一緒に焼けますので、別々に焼く手間もなく、同時に仕上がります。

スイートフレンチトースト　チーズフレンチトースト

ゆずこしょうをピリッときかせた香りのよい焼きそばは、ビールによく合います。
塩味の焼そばにゆずこしょうが入ることで、ぐっと大人の味になりますね。
おいしさに負けて昼間から飲みすぎないように気をつけましょう。
ゆずこしょうを手作りするようになってから、いろんな料理に加えては味を楽しむようになりました。
汁ものや鍋の薬味に使うだけでなく、麺やパスタにからめたり、ご飯に混ぜたり、
我が家では万能香辛調味料になっています。

ゆずこしょう焼きそば

どうしてこんなにもカレーのにおいは胃を刺激するのでしょうか。
どこかのお宅からカレーのにおいがただよってこようものなら、
なぜかおなかがすいてきます。
そして当然のようにカレーが食べたくなるのです。
こちらのページのカレーはそんなときによく作るレシピです。
材料も買い置きのものでできますし、なにより煮込み時間が短いので、
突然カレーが食べたくなっても困りません。

レンズ豆とソーセージのカレー

アンチョビーの風味をきかせた、
白ワインにぴったりな

ニース風サラダ

15min.

ゆで卵　2個
じゃがいも　2個
さやいんげん　8本
ツナ缶　小1缶
オリーブ　4個
ガーリックトースト　バゲット5～6cm
サラダ菜の葉　4枚くらい
アンチョビー（フィレ）　4枚
白ワインビネガー　大さじ2
レモン汁　少々
塩、こしょう　各少々
オリーブオイル　大さじ3

① じゃがいもは皮つきのまま一口大に切り、電子レンジに7～8分かけます。いんげんはゆがいて5cmくらいの長さに切ります。
② ゆで卵は4等分に切ります。ツナ缶はオイルをきり、オリーブは輪切りにします。ガーリックトーストをクルトンのように少し小さめの角切りにします。
③ アンチョビーをオリーブオイルで炒め、アンチョビーがくずれてオイルになじんだら、火を止め、ビネガー、レモン汁を入れ、塩、こしょうで味をととのえます。
④ ドレッシングが熱いうちに材料とよく合わせて、サラダ菜を敷いた器に盛り付けます。
□ 全体にアンチョビーの塩味がきいて冷たい白ワインとよく合います。

卵と牛乳の割合が今までの味を大きく変えた

スイートフレンチトースト

the day before
+15min.

バゲット　8cm×2本
卵　3個
ブラウンシュガー　大さじ3
牛乳　1/2カップ
バター　大さじ5くらい
好みではちみつ　適宜

① 卵を割りほぐし、ブラウンシュガーと牛乳を加えてバゲットを漬けます。ときどき返しながら卵液を十分にしみ込ませます。
② フライパンにバターを溶かし、弱火でじっくりと焼きます。切り口の部分がこんがりする程度まで焼きつけたら、ふたをして中まで火を通します。
③ 好みではちみつをたらしていただきます。

チーズフレンチトースト

the day before
+15min.

バゲット　2cm幅くらいの斜め切りのもの×4枚
卵　3個
粉チーズ　大さじ3
牛乳　1/2カップ
オリーブオイル　大さじ3

① 卵を割りほぐし、粉チーズと牛乳を加えてバゲットを漬けます。ときどき返しながら卵液をしみ込ませます。
② フライパンにオリーブオイルを入れて弱火にかけ、じっくりと焼きます。切り口がこんがり焼けたら出来上がりです。

□ いずれも卵液に漬け込む時間を十分とります。特にスイートフレンチは、バゲットを長めに切るので、3時間以上は漬けてください。前の日に漬け込んでおくと、当日楽できます。日がたったバゲットでもおいしく作れます。食パンで作る場合はやわらかくなりすぎないよう、漬け込み時間を短くします。フレンチトーストにはブランデー入りの紅茶を添えました。ブランデーは甘いものとの相性がよいですね。ブランデーはスイートの卵液に加えてもいい。香り高いフレンチトーストになります。

シンプルな具にぴりりと辛みをきかせた

ゆずこしょう焼きそば

牛薄切り肉　100g
青菜　100g
中華蒸し麺　2玉
ごま油　大さじ2
塩、しょうゆ　各適量
ゆずこしょう　小さじ1くらい

15min

① 牛肉は細切りに、青菜は5cmくらいの長さにザクザクと切っておきます。中華麺はほぐしておきます。
② フライパンを熱してごま油で牛肉を炒め、塩としょうゆ、ゆずこしょうで濃いめに味付けします。
③ 麺と青菜を加えてさっと炒め、味をととのえます。
□ 具となる牛肉に味付けをしてから、麺とからめたほうが味がなじみやすいようです。ゆずこしょうにも塩けがあるので注意します。

手間いらずのレンズ豆をたっぷりと使った

レンズ豆とソーセージのカレー

レンズ豆　1カップ
ソーセージ　4本
にんにく、しょうが　各1/2かけ
玉ねぎ　1/2個
バター　大さじ2
サラダ油　大さじ1
コンソメキューブ　1個
カレールー　適量
生クリーム（または牛乳）　大さじ2〜3
しょうゆ、ウスターソース、トマトケチャップ　各適量
ローリエ　2枚
市販のナン　適宜

30min

① にんにく、しょうがはみじん切り、玉ねぎは粗みじんに切ります。
② 鍋を熱してサラダ油とバターを入れて溶かし、にんにく、しょうがを炒めます。香りが立ってきたら、玉ねぎを加えて炒め、全体がしんなりしたら、3カップの湯とコンソメキューブを注ぎ入れます。
③ 豆とソーセージ、ローリエを加えて20分ほど煮込み、一度火を止めてからカレールーを加えて溶かします。
④ 再び火にかけ、隠し味にしょうゆ、ソース、ケチャップで味をととのえ、生クリームを混ぜます。器に盛り、好みでナンを添えて。
□ 撮影のときにはナンを用意しましたが、ふわふわのやわらかなパンがよく合います。冷たいビールと一緒に召し上がれ。

夫も私も大好き麺

朝から麺をすするのってけっこうイケます。ご飯と同じくらい「朝麺」好きです。
夫も大の麺好きなものですから、一時毎日のように
焼きそば、冷やしうどん、ラーメンの繰り返しだったことがありました。
夜食にそれらをとっていたら、ふたりともとても太ってしまって、
体重を気にして夜食を我慢した結果、起きたらすぐに麺が食べたくなってしまったのです。
特にお酒を飲んだ次の日の朝は、つるつるっと麺が食べたくなりますね。
そして麺には必ず一口ご飯をつけて。これが我が家流の麺献立です。

いい鶏肉が手に入ったら、
肉汁の最後の一滴まで残さず味わいたい

鶏とセロリの冷やし稲庭うどん

the day before +5min.

鶏むね肉　200g
セロリ　1/2本
塩、ごま油　各適量
稲庭うどん　200g
ナンプラー　少々
好みで黒こしょう　少々

① 水2カップと鶏肉を鍋に入れて火にかけ、アクを取りながら鶏だしのスープを作ります。
② ①のスープをナンプラーと塩で味付けし、鶏肉を入れたまま冷まします。
③ スープが冷めたら鶏を取り出して細く裂き、スープは冷蔵庫で冷やします。
④ セロリは葉ごと薄切りにし、鶏と合わせて塩とごま油で和えておきます。
⑤ うどんをゆがいて、冷水で冷やし、器に盛り付け、④をのせ、冷たいスープをはります。好みで黒こしょうをふっていただきます。
□ エスニック風にするときは香菜や炒ったナッツを入れたり、唐辛子などの辛みを加えます。

鶏とセロリの冷やし稲庭うどん

薬味はお好みで

写真は黒こしょう、豆板醤、白ごま。

トマト＆明太子の夏向き麺

トマト明太子そうめん

15min

トマト　大1個
辛子明太子　1/2腹
オクラ　3本
みょうが　2本
市販のめんつゆ　適量
そうめん　3束

① トマトは1cm角くらいのさいの目に切り、オクラはさっとゆがいてみょうがと一緒に小口切りに、明太子は皮から中身を取り出してめんつゆと合わせておきます。
② そうめんをゆがいて、冷水にとって冷たくし、トマトとオクラとみょうがを添えて、盛り付けます。
③ 明太子入りのつゆにつけていただきます。

□トマトは皮が気になるときには湯むきします。トマトの湯むきもオクラをゆがくのも、そうめんをゆがくのも、同じお湯ですましてしまうと時間短縮できます。撮影のときにはつけ麺にしましたが、浅鉢に盛り付けてつゆをかけて、混ぜながら食べてもいいですね。この夏はこのトマト明太子そうめんばかりを食べていました。撮影スタッフのまかないももっぱらこればかり。トマトの酸味と明太子の辛みが好評でした。

ごま油風味の具を山ほどのせた

ビビン麺

15min.

セロリ、もやし　各適量
たこ、いか（刺身）　各適量
すりごま　少々
塩、ごま油　各少々
市販の韓国冷麺　2玉
＜調味料＞
みそ、コチュジャン　各大さじ1
砂糖、酢　各大さじ1/2
しょうゆ、おろしにんにく　各少々

① 薄切りのセロリとひげ根をとったもやしはさっとゆがいて、たこ、いかと合わせて塩とごま油で軽く味をつけ、すりごまを加えて手でよく和えておきます。
② 調味料を合わせておきます。
③ 冷麺をゆがいて冷水にとって冷やし、水けをきってから、手でもみ込むようにして調味料と合わせます。
④ 器に麺を盛り付け、具をのせます。
□ コチュジャンの辛みが弱いときには、粉唐辛子や一味唐辛子を加えます。

塩ラーメンに弾力あるとろろをのせて

とろろ塩ラーメン

やまといも（または長いも）　5cmくらい
中華生麺　2玉
細ねぎ　適量
中華だし　小さじ2くらい
塩、薄口しょうゆ　各少々

5min.

① 3カップの湯を沸かし、中華だしと塩、薄口しょうゆでスープを作ります。
② やまといもをすりおろし、細ねぎを2cmくらいの長さに切ります。
③ 麺をゆがいて、スープと一緒に盛り付け、
すったやまといもをとろりとかけ、細ねぎを散らします。

□ この麺は別名「びっくり麺」と呼んでいます。撮影のときには、
とろろがわかるように麺の上にのせましたが、我が家では
麺の下にしのばせて盛り付けます。ただの塩ラーメンなのに、
食べるうちにとろろがドロリと麺にからまってきてびっくりするという麺なのです。

温かいそばつゆで鴨ねぎともに

焼きねぎと焼き鴨のそば

15min.

長ねぎ　1/2本
鴨もも肉　1枚
塩、こしょう　各適量
市販のめんつゆ　適量
ささがきごぼう　5〜6cm分
そば　2人分

① めんつゆにささがきごぼうを加えて温めておきます。
② 長ねぎは5cmくらいの長さに切り、鴨は薄切りにし、強めに塩、こしょうします。
③ ねぎと鴨を網焼き、またはグリルでこんがりと焼きます。
④ そばをゆで、冷水にとって洗い、器に盛り付けます。
□ ねぎと鴨は二つを一緒に食べるとおいしい。そのまま食べてもよし、つゆにつけてそばと一緒に食べてもよし。好みで七味をふって食べてもおいしいです。
鴨の脂っこさが長ねぎとささがきごぼうとよく合います。
このそばセットはブランチに冷たい日本酒と一緒にいただくこともあります。

梅肉とじゃこで塩味をきめた

ひじきと薬味のパスタ

15min.

ツナ缶　小1缶
ちりめんじゃこ　大さじ2くらい
梅干し　1〜2個
紫蘇の葉　4枚
生ひじき　80g
スパゲッティ　180gくらい
塩　適量

① たっぷりの湯に塩を入れてスパゲッティをゆでます。

② ボウルにオイルごとツナ缶をあけ、ちりめんじゃこ、梅肉をたたいたもの、水けをしぼった生ひじきを入れて合わせておきます。

③ ゆで上がったスパゲッティを②に合わせて出来上がり。紫蘇の葉の千切りを飾ります。

□ 梅肉とちりめんじゃこの塩けによっては、塩、しょうゆなどで味をととのえ、全体にパサつくときにはオリーブオイルを加えます。

ふんわり卵焼きをのせれば、焼きそばもやさしい味わいに

オムそば

15min.

卵　3個
砂糖　小さじ2
塩　適宜
太白ごま油（なければサラダ油）　適量
中華蒸し麺　2玉
豚薄切り肉　50g
好みの野菜　適量
（撮影のときにはキャベツ、赤ピーマン、もやしを使いました）
ウスターソース、しょうゆ　各適量

① 豚肉と野菜を切り、太白ごま油少々で炒めます。塩少々で軽く味をつけて一度取り出します。
② 少し油をたして、あらかじめほぐしておいた麺を炒め、ほぐれてきたら、肉と野菜を戻し入れ、ソースとしょうゆで味をととのえます。
③ 卵を割りほぐし、砂糖とひとつまみの塩で味をつけます。
④ 太白ごま油大さじ1を熱して卵液を流し込んで大きく混ぜながら焼きます。半熟状態になったら、フライパンをゆすりながら底の面をしっかり焼き、すべらせるようにしてやきそばにのせます。

□ 無理にそばを包まず、焼いた卵をのせるだけ。卵の半熟の加減がポイントです。

朝からモリモリ

早起きは苦手というのに、なぜか夫婦そろって朝起きてすぐに牛丼や焼き肉、コロッケといった油っこいものが食べられるくらい、おなかが元気です。最初の一口はノロノロしていても、食べていくうちに目が覚め、おなかも覚めてくる。

無理やり起こしているといったほうが正しいかもしれないけれど、おなかが起きればもうこっちのもの。なにしろふたりとも朝からモリモリとたくさん食べます。しっかりとおなかにごはんが入ると力が湧いてきますね。

このあとの章はボリュームいっぱいの丼が続きます。でもこれがある日の我が家の朝ごはん。朝食に少々重たいものをしっかりといただきますと、お昼ごはんはなしになります。さすがの

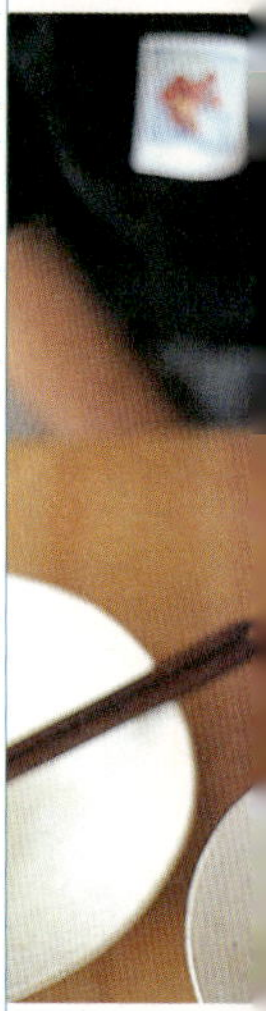

私たちもおなかがすきませんから、その日のごはんは2食となり、夕飯は早めの5時、6時にはすませることになりますね。

けっこうこれが身体に合っているようで、自然とダイエットにもつながって調子がいいみたいです。特に夫は夜お酒を飲むことが多いので、ごはんをしっかりといただくのは朝と決めているようです。

私の場合は朝からモリモリ食べたいときも、料理撮影がある日は腹六分目くらいでがまんします。あんまり満腹になってしまうと、仕事とはいえ、おいしい料理ができませんから、ちょっとがまんして食欲をとっておくようになりました。こんなときにはおなかがふたつあったならと思います。

早い、簡単、ボリュームの本格丼

96 97 豚肉のバターしょうゆ丼

丼めしは上にのせる具とご飯を、一つの器に一緒に盛り付けるものだから、
料理の手間としてはご飯を炊いておかずを一品作るのとなんら変わりのないものです。
でもなぜかささっとできて、ささっと食べられるような気がして、
朝ごはんにとてもよく登場します。強いて言えば一つの器で完結するので
洗いものが少なくてすむというところがうれしいかな。
ご飯の量は普通のお茶碗と変わらなくても、あの大きな丼が出てくるだけで、
モリモリと食べた気になり、力が湧いてくるような感じがします。

バターしょうゆご飯のおいしさをとことん味わえる

豚肉のバターしょうゆ丼

5min.

豚バラ薄切り(またはロース)肉　250g
しょうゆ、砂糖、酒　各小さじ2
バター　大さじ3
塩、こしょう　各少々
紫蘇の葉　3〜4枚
ご飯　丼2杯分くらい

① 豚肉を一口大に切り、しょうゆと砂糖、酒を合わせて味をつけておきます。
② フライパンにバターを入れて溶かし、肉を炒め、塩、こしょうで味をととのえます。
③ 丼にご飯をつけ、炒めた肉をのせて、ちぎった紫蘇の葉を散らします。
□ バターをけちってはダメ。ちょっと多いかなと思うくらいがおいしさにつながります。大好きなバターしょうゆご飯からヒントを得て、それにお肉を加えてみました。

鶏肉に穴をあけて、しっかり味をしみ込ませるのがコツ

にんにくしょうゆ漬けの鶏丼

30min.

鶏もも肉　1枚
にんにくしょうゆ　大さじ2
ししとう　8本
海苔　適量
ご飯　丼2杯分くらい

① 鶏肉を半分に切り、表面にフォークで穴をあけて15分ほど、にんにくしょうゆに漬けます。
② 肉の汁けを軽くふきとって網焼きか、グリルパンで両面をこんがりと焼きます。あいたスペースでししとうも焼きます。
③ 肉を食べやすい大きさに切り、海苔を散らしたご飯にのせて、ししとうを添えます。
□ にんにくしょうゆは皮をむいたにんにくを瓶に詰めて、にんにくがかぶるくらいのしょうゆを入れます。漬けてから10日ほどでしょうゆが、1ヵ月くらい後からにんにくが使えます。

にんにくしょうゆ漬けの鶏丼

しょうがの淡い香りが飽きさせない

牛丼

15min

牛薄切り肉　200g
しらたき　1/2玉
玉ねぎ　1/4個
しょうが　1/2かけ
太白ごま油（なければサラダ油）　少々
市販のめんつゆ　大さじ2〜3
ご飯　丼2杯分くらい

① しらたきは熱湯をかけてから食べやすい長さに切り、牛肉は一口大に、しょうがは千切りに、玉ねぎはくし形切りにしてほぐしておきます。
② 鍋に油を熱してまず玉ねぎを炒め、透き通ってきたら、肉、しらたき、しょうがを加えてさっと炒めます。
③ めんつゆを加えて炒め煮にし、汁けがなくなってきたら具の出来上がり。丼ご飯の上に盛り付けます。
□ 私はちょっと甘めが好きなので、めんつゆによっては、みりんや砂糖で味を調整します。

うずらの卵をくずして混ぜながらいただく

まぐろのユッケ丼

30min.

まぐろ赤身（刺身）　2人分くらい
しょうゆ、みりん　各大さじ1
生食用エシャロット　2個
長いも　3〜4cm
しょうゆ漬けのにんにく
（p.97「にんにくしょうゆ」参照）　1かけ
細ねぎ、韓国海苔　各適宜
うずらの卵の黄身　2個分
ご飯　丼2杯分くらい

① まぐろはしょうゆとみりんに15分くらい漬けます。
② エシャロットとにんにくはみじん切り、長いもはさいの目に切ります。
③ まぐろの汁けをふいて軽くたたき、②と合わせて混ぜます。
④ 丼ご飯に韓国海苔をちぎってのせ、その上に具を盛り付けます。
うずらの黄身を落とし、細ねぎを飾ります。

□ 朝からにんにくが食べたいときには、ちょっとにんにくの味がこなれたしょうゆ漬けを料理に使います。においは当然ありますが、好きなので食べてしまいます。なので、気になるときにはにんにくを材料からはずしてください。それでも十分おいしいです。
この丼は前日食べたお刺身が残ったようなときに、しょうゆに漬けておいて次の日の朝、丼にして食べます。
まぐろのほかに白身の魚、いか、帆立て、たこなどでもよく作ります。

うなぎの甘さをきゅうりと酢めしでさっぱりとしめた

うなぎときゅうり、山椒のおすし

5min

うなぎのかば焼き　1串
きゅうり　1/2本
実山椒の塩漬け　適量
塩　少々
白ごま　適量
すしめし　丼2杯分くらい

① うなぎは一口大に、きゅうりは小口から薄く切って、塩少々でもんでおきます。
② すしめしが温かいうちに、うなぎ、水けをギュッとしぼったきゅうり、
実山椒を混ぜ、白ごまをたっぷりふりかけます。
□ ご飯が冷たくなると、具が混ざりにくくなるので、すしめしは温かいものを。
実山椒が手に入らないときは紫蘇の実の塩漬けで代用し、
少しだけ粉山椒をふりかけると香りがいいです。

さくさくと軽い口当たりのかき揚げをお茶漬けに

天茶

15min.

むきえび　小4尾
小柱　少々
三つ葉　1/3束
＜天ぷらの衣＞
- 小麦粉　大さじ3
- 卵　1/2個
- 冷水　1/2カップ

揚げ油　適量
自然塩、おろしわさび、緑茶　各適量
ご飯　丼2杯分くらい

① むきえびは背わたをとり、背にそって切り込みを入れます。
三つ葉は3cmくらいの長さに切ります。
② 衣の材料を合わせ、①と小柱を入れてよく衣をからめて、大きめのスプーンなどを使って、中温の油に落としていき、小さめのかき揚げを揚げます。
③ ご飯にかき揚げをのせて、塩、わさびを添えて、緑茶を注ぎます。
□ ご飯も、天ぷらもお茶もアツアツであることがおいしさのポイントです。
かき揚げを揚げているあいだにご飯をよそい、お茶の用意をしておきましょう。
天ぷらの具は何でもいいのです。
かまぼこ、ちくわを入れてもいいですし、野菜だけの天ぷらでもおいしい。

旬の野菜なら何でも！　こんがりとつけた焼き色が食欲をそそる

焼き野菜丼

15min.

れんこん、ししとう、ごぼう、なす、
　カラーピーマンなどの野菜　少量ずつ
めんつゆ、オリーブオイル　各大さじ 1
ご飯　丼2杯分くらい

① 野菜を薄切りにし、網焼き、またはグリルで焼きます。
② 全体がこんがりと焼けたら、めんつゆとオリーブオイルを合わせたたれにくぐらせて、ご飯にのせます。

□ 野菜は何種類かあったほうが味や歯ごたえの違いが出て、野菜だけでも飽きずに食べられます。
ナンプラーを少し加えてもおいしい。野菜がアツアツのうちに召し上がってくださいね。

前の日のカレーをご飯に混ぜ込んでドライカレー風に

カレー丼

5min.

丼2杯分のご飯にカレーカップ1/2くらいを混ぜ合わせ、
細切りのレタスをのせ、焼きトマト、目玉焼きをのせて出来上がり。
全体を混ぜながらいただきます。

だれか来た日は5分でもう一品

ちょっと一品プラスしたいときに作るのが、5分でできる小さなおかずたち。
前の日に用意しておけば、そのまま盛り付けるだけのものもあります。
すぐにできると思うと心強い。もう少しがんばって
1品増やしてみようかなって気になります。冷蔵庫にあるものでパパッと
この小さなおかずを何品か作って、セットにしてもいいですね。
小皿や小鉢が並んだ食卓もまた楽しいものです。

わかめ炒め

根菜とハムのソテー

アスパラガスのバターソースかけ

ささっと炒めて一味でぴりり

わかめ炒め

5min.

塩わかめは水につけてもどしてから、一口大の大きさにザクザクと切ります。ごま油でさっと炒め、白ごまと一味唐辛子をふります。

□ わかめに味があるので、私は味付けしませんが、献立の組み合わせによってはしょうゆやナンプラー、塩などでしっかり味付けしてください。

ハムの塩けでさくさくの歯ごたえを楽しんで

根菜とハムのソテー

ごぼう　10cmくらい
れんこん　5cmくらい
スライスハム　2〜3枚
オリーブオイル　小さじ2
塩、こしょう　各適宜

5min.

① ごぼうとれんこんはよく洗って、皮ごと小さめの乱切りにします。ハムは1cmくらいの角切りにします。
② オリーブオイルでごぼうとれんこんを炒め、全体に透き通ってきたら、ハムを加えて、さっと炒め合わせて、塩、こしょうで味をととのえます。

焦がしバターが香りのポイント

アスパラガスのバターソースかけ

グリーンアスパラガス　5本
塩、ポワブルロゼ　各少々
バター　大さじ2〜3

① アスパラガスは一口サイズの長さに切り、塩ゆでし、水けをきって熱いまま器に盛り付けます。
② 熱したフライパンにバターを溶かし入れて、こんがりときつね色になるくらい火にかけ、アスパラガスにかけます。仕上げにポワブルロゼをふります。

□ ①、②の作業を同時進行できるといいですね。アツアツのアスパラに、アツアツのバターがかかると、両方の素材の香りが立ちます。

□今回は撮影の色どりに、ポワブルロゼをのせてみましたが、なくても味は変わりません。

5min.

ねっとりした黄身と明太子は最高の相性

アツアツ半熟卵の明太子のせ

卵を半熟にゆでて、熱いうちに卵の頭の部分を切るようにして割り、明太子を卵に混ぜながらいただきます。ゆでたての卵の味が好きです。熱いから黄身がとろりと流れて、そこにまたさらに魚の卵を合わせます。卵好きにはたまりません。

15min.

マヨネーズさえあれば、ソースはこわくない

ちくわのマヨチーズ焼き

ちくわ　2本
マヨネーズ、溶けるチーズ　各適量

① ちくわを縦半分に切り、長いものは半分の長さに切り、耐熱皿に並べます。
② マヨネーズを塗り、チーズをたっぷりとかけて、オーブントースターで5分ほど焼きます。
□ ケチャップ味もおすすめです。前日の残りもののカレーやトマトソース、ミートソースなどがあったら、ちくわにのせて、チーズをのせればボリュームあるおかずになりますね。チーズはエダム、チェダーなど、2種類以上組み合わせるとこくが出ます。

15min.

チーズをたっぷりかけたアツアツのグラタンスープ

れんこんと長いもの グラタン

15min.

れんこん、長いも　各細めのもの5cm
コンソメ顆粒　小さじ 1/2
すりおろしのパルミジャーノチーズ　適量
（なければ溶けるチーズでも）
塩、こしょう　各少々

① れんこん、長いもはそれぞれ皮をむき、5mmほどの厚さに切ります。
② 耐熱皿にれんこん、長いもを交互に並べ、軽く塩、こしょうをして、コンソメ顆粒と水大さじ2を入れます。
③ チーズをたっぷりとかけて、オーブントースター、または180度に温めておいたオーブンで10分ほど焼きます。

みずみずしいトマトにみそのこくがぴったり

トマトの塩バター焼きと みそ焼き

15min.

プチトマト　4個
バター　小さじ1くらい
塩　少々
みそ　小さじ 1
みりん、しょうゆ　各少々
チャイブ　少々

①プチトマト2個には十字に切り目を入れて、バターをのせます。
② 残りのトマトは頭の部分を少しだけ切り落とし、みそにみりんとしょうゆを合わせたものをのせます。
③耐熱皿に①、②をのせてオーブントースターで5分ほど焼きます。みそのせには切ったチャイブをのせ、バター焼きには塩をふります。よくあるプチトマトも、こんなふうに色や形が違うものを並べると新鮮に感じます。塩、みそ、しょうゆ、マヨネーズなど、組み合わせ、味付けに限りはありません。

おかかじょうゆが郷愁を誘う

緑野菜の
おかかじょうゆ炒め

さやいんげん　6本
ししとう　4本
おかか　3g（小袋1つ分）
しょうゆ　小さじ1
みりん　少々
太白ごま油（またはサラダ油）　小さじ1

① いんげんは3〜4cmの長さに切り、ししとうはへたを取っておきます。
② 鍋を熱して油をひき、野菜をさっと炒めます。緑が鮮やかになったら、しょうゆ、みりん、水大さじ1ほどを加えて、味をからめながら中弱火で炒め煮します。
③ 水けが少なくなってきたら、おかかを加えてひと混ぜします。

5min.

好みの漬物を刻んで保存しておけば楽

納豆の薬味いろいろ

たくあん、しば漬けはそれぞれみじん切りに、生食用エシャロット、細ねぎは小口切りにします。薬味も何種類か用意して、いろいろと取り混ぜると毎朝の納豆が飽きません。ほかに海苔、卵やらっきょうを刻んだものを合わせることもあります。

preservation
2days

めんつゆが生野菜を食べやすくする

細切り野菜と昆布の麺つゆ漬け

前の晩に冷蔵庫にある残り野菜と昆布をそろえるように、細切りにします。市販の麺つゆと水半々の分量を鍋で一煮立ちさせ、切った材料と合わせます。漬け汁の量は切った材料がひたひたにつかるくらいで。粗熱が取れたら冷蔵庫に入れて、一晩漬けておくだけで出来上がります。

□ 撮影のときにはセロリ、紫玉ねぎ、カラーピーマン、にんじん、きゅうりを切りました。昆布からは野菜がおいしくいただける、よいおだしが出ます。昆布の代わりに、おかかやするめ、梅干し、いかの薫製などを一緒に漬け込んでもおいしくできます。野菜は基本的にはサラダ感覚で生で食べられるもので、レタス、キャベツ、白菜、トマト、大根、かぶなども使います。

preservation
3days

トーストにのせて、パンにはさんで

薬味野菜とアボカドの和えもの

5min.

アボカド　1個
プチトマト　4個
みょうが　1個
セロリ　5～6cm
香菜　あれば少々
レモン汁　1/2個分
ナンプラー　小さじ1～2
ゆずこしょう（またはタバスコ、ハラペーニョなど）　適宜

① アボカドは身をスプーンなどでくりぬいて、フォークなどでつぶし、レモン汁をしぼっておきます。皮は器にします。
② プチトマトは4等分のくし形切りに、みょうが、セロリは千切り、香菜は小口切りにします。
③ ①と②と一緒に合わせて、和えながらナンプラーで味付けし、辛みの好きなかたはゆずこしょうなどのスパイスを加えて、皮の器に盛り付けます。

□ 前日の焼き肉やステーキの残りや、ゆがいた鶏肉などに合わせてもおいしい。

□ ナンプラーがない場合は、薄口しょうゆや塩で味つけします。

これさえあれば、ご飯何杯でもいける!

京菜の漬物 じゃこ混ぜ

京菜　2株(100g)
自然塩　小さじ2/3
赤唐辛子　1/2本
ちりめんじゃこ　ひとつかみ

① 京菜は切らずに、ボウルに入れて自然塩をまぶし、小口切りにした赤唐辛子を加えて、軽く重しをして、冷蔵庫で一晩漬けます。
② ①を軽くしぼって、小口切りにし、じゃこと合わせてご飯などにかけたり、混ぜていただきます。

preservation
2days

さっと煮れば味がよくしみ込む

卵のしょうゆ煮、ソース煮

卵　6個
鶏ガラスープ　2カップ
しょうゆ、ウスターソース　各大さじ2

① 固ゆで卵を作り、殻をむきます。
② 鶏ガラスープを1カップずつ別々に煮立てて、それぞれにしょうゆ、ソースを加え、卵を3個ずつ入れて、ひと煮立ちしたらそのまま冷まし、保存の容器に入れて一晩おきます。
□ 調味料にそのまま漬けると味が濃くなるので、私はスープで割ります。和風のだしで作ることもあります。

preservation
3days

切って、保存瓶に詰めるだけ

いかの塩辛

いかのわた　2はい分
いかの胴　1ぱい
自然塩　小さじ1

① いかのわたをこわさないように抜き取り、墨袋や皮をていねいに除いて瓶に入れます。
② 塩と合わせて軽く混ぜ合わせ、一晩ねかせて出来上がりです。
□ いかの胴1ぱいに対して、わたは2はい分必要なので、残った身や足は塩焼きにしたり、みりんしょうゆに漬けておき、網焼きしたり、揚げたり、炒めものに使います。ゆずの季節なら、皮を千切りにしたものやすったものを、わたにほんの少し合わせると、香りのよい上品な塩辛になります。

preservation
3days

余った白菜でぜひ試してほしい

白菜の甘酢漬け

preservation
2days

白菜の葉　1/8株分
酢　大さじ3
砂糖　大さじ2弱
塩　適量
ごま油　小さじ2
赤唐辛子　1本
しょうが　小1かけ

① 白菜は5cmくらいのざく切りにし、塩少々をまぶしてしばらくおきます。しょうがは千切りにします。
② 白菜がしんなりしたら、さっと流水で洗って強くしぼって水けをきり、しょうがと赤唐辛子と一緒にボウルに入れます。
③ 小鍋に酢、砂糖、塩ひとつまみを入れて温めて溶かし、②にかけてひと混ぜします。
④ ごま油を煙が出るほどフライパンで熱し、③にかけて一晩おきます。
□ 中華料理のお店で前菜などによく出てくるラーパーツァイです。サラダ感覚で白菜がたくさんいただけますよ。

さっと煮でOKの具を選んだ、
早いが一番のみそ汁、吸いもの

祖母と一緒にずっと暮らしていたからでしょうか。
朝ごはんのときには必ずといっていいほどおみそ汁か、お吸いものを作ります。
習慣というのはぬけないものですね。幼い頃からそういう献立の
朝ごはんだったものですから、汁ものは欠かせません。
おみそ汁もお吸いものも、具は限りなく組み合わせがありますので、好きなものを好きなだけ入れて
作りましょう。具によってみその量を調整したり、しょうがやわさびなどの
和のスパイスをきかせたり、だしになるような素材を入れてこくを出したり。
毎日のことですから、飽きないように工夫していくといいですね。

みそ汁3品

油揚げと京菜のみそ汁

だし汁に切った油揚げを入れて、さっと煮立たせ、弱火に落としてみそを溶き入れます。最後に切った京菜を入れて出来上がりです。

5min.

わさびのみそ汁

だし汁を煮立たせ、弱火にしてふだんのみそ汁の1/2くらいの分量のみそを溶き入れて、薄味のみそ汁を作ります。最後にすりおろしたわさびと小口切りにした細ねぎを加えます。

□ わさび入りのおみそ汁なんてちょっと珍しいでしょ。わさびはお吸いものに入れてもおいしいです。後味がすっきりしますね。

5min.

セロリのみそ汁

だし汁に切ったセロリを加えて、さっと煮て、弱火に落として、みそを溶き入れて出来上がりです。私はセロリを具にするときには赤みそとの組み合わせが好きです。

5min.

みそ汁、吸いものに使うだし汁はp.6を参照してください。

吸いもの4品

［基本の吸い地の分量］
だし汁2カップに対して、自然塩小さじ1/4、薄口しょうゆほんの少しを加えます。
中に入る具の味によっては少し濃いめにしたり、薄くしたりすることもあります。

じゃことねぎの吸いもの

椀にじゃこを入れ、温めた基本の吸い地をはり、
切ったねぎを散らします。じゃこから塩けが出るので、
吸い地は気持ち薄味にしてもいいでしょう。

5min.

じゅんさいの吸いもの

基本の吸い地にじゅんさいを入れて、さっと温めて、
椀に盛り付けます。じゅんさいは
スイレン科の水草の一種で、春から夏にかけて
その若芽を食用とします。主な産地は秋田、山形で、
スーパーでは瓶詰などで売っていますね。
瓶詰の場合は洗ったり、下処理なしで、
瓶から出して水きりしてそのまま使います。

5min.

とろろ昆布と梅干しの吸いもの

椀にとろろ昆布と梅干しを入れ、
温めた基本の吸い地をはり、あられを散らします。
こちらはしっかりとした梅干しの塩けがあるので、
吸い地の味はかなり薄くします。

5min.

海苔と青梅の吸いもの

椀にあぶってからちぎった海苔と青梅を入れ、
温めた基本の吸い地をはります。
海苔がしけってしまったときなどによく作ります。

5min.

このセットが何もない朝を救う

我が家の冷蔵庫にはご飯セットとパン食セットと呼んでいるかごがふたつ入っています。ご飯セットには瓶に入ったふきのとうのみそ炒めや、海苔のつくだ煮、ウニ、塩昆布などがあり、なんにもおかずがないときや、ささっとお茶漬け、おかゆで朝食なんていうときに、このかごを冷蔵庫から取り出して、そのままテーブルに。パン食セットはバター、ジャム、マスタード、オイル漬けのチーズなどが入っています。こういう瓶類は冷蔵庫の奥に入ってしまうと、なかなかテーブルに出ることがなくなり、結局無駄にしてしまうことが多いですね。私も何度もそういうことがありました。そんな失敗から、瓶類をかごに入れて冷蔵庫にしまうことを思いついたのです。かごを引き出すことで奥に入っているものも、取り出しやすくなりましたし、かごで仕切ることで冷蔵庫のなかがすっきりするように思うのです。夫にこのかごの使い方を伝えましたところ、私がいないときでもこのかごを出して、ご飯を食べたり、ちよっとお酒を飲んだりするときのつまみにしているようです。家族にもわかりやすい冷蔵庫収納の一アイデアですね。

ご飯セット

自家製ふきみそ

ふきみそは炊きたてのご飯にのせていただいてもおいしいですし、
少しのバターと合わせてパスタにからめてもおいしくいただけます。

preservation 30days

ふきのとう　6〜8個
＜調味料＞
みそ　大さじ2
酒　大さじ1
みりん　大さじ1
太白ごま油（またはサラダ油）　大さじ1

① ふきのとうは粗く刻みます。
② フライパンを熱して油を入れ、ふきのとうを炒め、
しんなりしてきたら調味料を加えて炒め合わせます。
□ みその味によっては砂糖やしょうゆで味をととのえてください。

パン食セット

白ごまバター

フェタ&ガーリックオイル

白ごまバター

斑尾高原農場で買いました。実家の近所なので、帰ったときによく立ち寄ります。バターと名前はついていますが、実際は白ごまのペーストと、黒糖、はちみつを合わせたごまのクリームです。パンにつけていただきます。

フェタ&ガーリックオイル

（ナチュラルチーズのオイル漬け）

パンにのせたり、サラダに混ぜたり、オイルはガーリックトーストのときに使ったりもします。紀ノ国屋、ナショナルマーケットなどで買いましたが、これは近所のスーパーなどでもみかけます。／デンマーク製　輸入元：ムラカワ

コケモモジャム

雑貨店などでかわいいお砂糖などと一緒にセットで売っていたもの。ジャムを毎日いただかないので、食べきりサイズは我が家むきです。パンにつけたり、ヨーグルトに混ぜたりします。／フランス製　輸入元：陶和

スパイスなど

［写真左から］

マスタード

紀ノ国屋で買いました。パンに塗ったり、ゆで野菜につけたりします。／フランス製　輸入元：川口貿易

ルイユ（スパイシーマヨネーズ）

ナショナルマーケットで買いました。パンやゆで卵に塗ったり、生野菜、温野菜につけて食べます。／フランス製　輸入元：デドゥー

トリュフバター

通販で買いました。パンにつけたり、パスタにからめたりします。／イタリア製　輸入元：プチマージュ

コケモモジャム

スパイスなど

ちょっとだけ甘いものが欲しくなる日

朝起きて、朝食の前にほんの一口甘いものが欲しいなと思う日があります。疲れているのか、前日のごはんがあっさりしすぎて糖分不足なのか、理由はわかりませんが、訳もなく、食べたい。糖分がほんの少し身体に入り、お茶をいただきますと、目が覚め、おなかが本格的にすいてきます。身体って不思議です。おなかがすいたら、朝ごはん作りは楽ちんです。だって、早く食べたいんですから、それだけ力も入って、チャッチャッと効率よく動けるような気がします。

長野の桜《さくら》井《い》甘《かん》精《せい》堂《どう》の善光寺落雁《らくがん》と緑茶

今、両親が長野に住んでいるので、ときどき長野のお菓子を送ってもらいます。
善光寺落雁はほんのり甘みがあって、口当たりも軽いお菓子です。
お茶を飲みながら、かじっては口の中で溶かしていただきます。
／桜井甘精堂　☎ 026-247-2132

長崎の茂《も》木《ぎ》一《いち》○《まる》香《こう》本《ほん》家《け》のざぼんのゼリー

こちらのお菓子屋さんはびわゼリーで有名ですが、私はざぼん入りのゼリーが好きです。
柑橘類独特のさっぱり感とゼリーのつるりとしたのどごしが気持ちいい。
しっかりと冷やしていただきます。ひとりのときにはちょっとお行儀が悪いけれど、
器に盛り付けず、ゼリーの入った袋を口につけて、お汁ごとつるりと流し込む。
こうやっていただくとまたおいしく感じます。／茂木一○香本家　☎ 095-836-0007

目黒のちもとの八雲もちとほうじ茶

友人が届けてくれて以来、大好きになってしまった餅菓子です。
やわらかいお餅に香ばしいカシューナッツがたっぷりと入って、黒砂糖の甘みがほどよく合って、
新鮮なんだけれど、懐かしい味がするんです。和菓子と洋菓子がミックスされたような
味わいです。一つ一つ竹の皮で包まれているところもかわいいのです。
／ちもと　☎03-3718-4643

フルーツサンドとアイスティー

フルーツサンドは生クリームだけで作ると、くずれたり、うまく切ることができなかったりするので、私はマスカルポーネチーズと生クリームを合わせて、かためのクリームを用意します。
そうすると果物をしっかりとサンドしてくれ、形も整えやすいようです。
撮影のときにはバナナといちごは必ず入れてほしいとリクエストがありましたが、
クリーム自体がおいしいので、果物は1種類でも十分です。

15min

マスカルポーネチーズ100gを常温でやわらかくし、泡立て器でクリーム状にのばしておきます。
生クリーム100ccに砂糖大さじ1を加えて七分立てにします。
チーズと生クリームを合わせて、薄切りのパン8枚に塗り、スライスしたいちご、バナナ、マンゴー、ブルーベリーをはさんで、食べやすい大きさにカットします。

あとがき

この撮影中にこんな話を聞きました。あるご家庭のだんなさまのぼやきです。
いくら冷凍ご飯がおいしいっていわれても、レンジから出したままの
ラップのご飯をテーブルに放り出すのだけは勘弁してほしい。
私もときどきまずいなと思いながら、夫の目の前でチンご飯を盛り付けてしまうことがあります。
反省です。
隠すまでいかなくても、目立たないよう、ささっとお茶碗に移せばいいのです。
冷凍したときの形を少し崩すようにふんわりとさせる。そのちょっとした心遣い。
そこに愛があるように思うのです。
朝から愛をもってごはんを作ることはとてもたいへんなことと思います。
でもそれは相手に対してだけでなく、自分の心にも響くもの。
おいしい朝ごはんを食べて夫を送りだした日は幸せを感じます。

前作に続き、デザイナーの伊丹友広さん、中井有紀子さん、カメラマンの吉田篤史さん、
編集の風間詩織さんにはふたたびお世話になりました。
そして新しくスタッフに加わってくれたスタイリストの澤入美佳さん、本当にありがとう。
一日中の撮影にもかかわらず、朝の雰囲気を崩さずに、一皿一皿を
スタッフが愛おしんでくれました。感謝しています。
そして読者のみなさんへ、この本が一日の幸せの始まりになりましたらと願っています。

飛田和緒

料理・文
飛田和緒

アートディレクション＆デザイン
伊丹友広（イット イズ デザイン）

デザイン
中井有紀子（イット イズ デザイン）

写真
吉田篤史

スタイリング
澤入美佳

編集
風間詩織（幻冬舎）

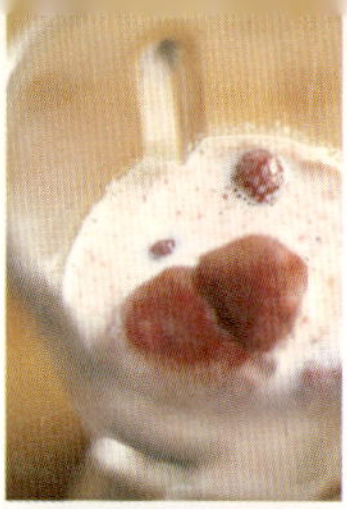

飛田和緒　HIDA KAZUWO

料理家。バレリーナ、OLを経て、雑誌などで
料理や生活雑貨などの原稿を書くことに。
現在は料理家として雑誌やテレビ、本などで活躍中。
著書に『週末のごはんづくり』（小社刊）、
『お料理絵日記』（幻冬舎文庫）、
『おいしいっていわれるくどき料理』（講談社）ほか、
『1DKクッキン』『2DKクッキン』
『お買物日記』『お買物日記パート2』
（すべて谷村志穂氏との共著　集英社文庫）などがある。
http://www.okazu-web.com

Weekdayの朝ごはん

2001年11月10日　第1刷発行
2007年4月10日　第4刷発行
著　者　飛田和緒
発行者　見城 徹

発行所　株式会社 幻冬舎
〒151-0051東京都渋谷区千駄ヶ谷4-9-7
電話　03（5411）6211（編集）
03（5411）6222（営業）
振替00120-8-767643
印刷・製本所：図書印刷株式会社

検印廃止

ISBN4-344-00129-X　C0070
Printed in Japan

幻冬舎ホームページアドレス http://www.gentosha.co.jp/

この本に関するご意見・ご感想をメールでお寄せいただく場合は、
comment@gentosha.co.jpまで。